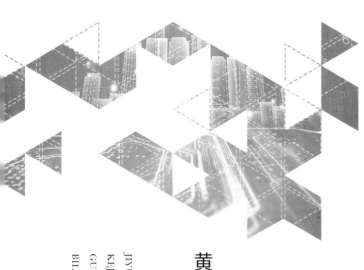

基于分时权变的科技型企业

股东股权比例与合作机制研究

JIYU FENSHI QUANBIAN DE
KEJIXING QIYE
GUDONG GUQUAN
BILI YU HEZUO JIZHI YANJIU

黄 睿 著

中国财经出版传媒集团

经济科学出版社
Economic Science Press
北京

图书在版编目（CIP）数据

基于分时权变的科技型企业股东股权比例与合作机制
研究／黄睿著. --北京：经济科学出版社，2024.2
ISBN 978 - 7 - 5218 - 5646 - 0

Ⅰ.①基⋯　Ⅱ.①黄⋯　Ⅲ.①高技术企业 - 股东 - 股
权管理 - 研究 - 中国　Ⅳ.①F279.244.4

中国国家版本馆 CIP 数据核字（2024）第 049930 号

责任编辑：李　雪　凌　健
责任校对：李　建
责任印制：邱　天

基于分时权变的科技型企业股东股权比例与合作机制研究
JIYU FENSHI QUANBIAN DE KEJIXING QIYE GUDONG GUQUAN BILI
YU HEZUO JIZHI YANJIU
黄　睿　著
经济科学出版社出版、发行　新华书店经销
社址：北京市海淀区阜成路甲 28 号　邮编：100142
总编部电话：010 - 88191217　发行部电话：010 - 88191522
网址：www.esp.com.cn
电子邮箱：esp@ esp.com.cn
天猫网店：经济科学出版社旗舰店
网址：http://jjkxcbs.tmall.com
固安华明印业有限公司印装
710 × 1000　16 开　13.75 印张　175000 字
2024 年 2 月第 1 版　2024 年 2 月第 1 次印刷
ISBN 978 - 7 - 5218 - 5646 - 0　定价：68.00 元
（图书出现印装问题，本社负责调换。电话：010 - 88191545）
（版权所有　侵权必究　打击盗版　举报热线：010 - 88191661
QQ：2242791300　营销中心电话：010 - 88191537
电子邮箱：dbts@ esp.com.cn）

　　本书受到重庆市教委人文社科重点项目"劳动力就业极化对重庆农村家庭教育投资影响研究"（编号：22SKGH554），重庆市科协、科技局智库项目"科技型中小企业创新发展机制研究：基于高职院校与科协组织的新耦合"（编号：2023KXKT22），中国科协项目"科协组织服务区域人才发展机制研究"（编号：2022－ZKXKT－003），国自科基金"'三生空间'视角下老旧小区改造多主体协同治理机制研究"（编号：72304051）等科研项目的支持。

前　言

　　科技型企业（本文特指"初创期科技型企业"）作为推动我国经济发展和科技创新的重要新生力量，近年来获得了政府机关、经济社会、学者们的高度关注。在科技型企业中技术方以科技研发入股、投资方以投资金额入股，入股后关于股东间如何有效合作进而使企业快速成长仍是行业关注焦点，因此，关于科技型企业中股权设计所形成的合作机制成为研究热点。

　　国家政府部门、省（区、市）各部门近来出台了不少政策来支持科技型企业成立，但关于科技型成立后如何支持健康成长的政策鲜见。学术界关于股东股权比例的研究大多以成熟上市公司为研究对象，其主要探索不同股权结构下股东股权比例对公司发展的影响。本书聚焦现有合作机制的现状，发现学术界关于合作机制的研究均已转移到股东股权设计上，然后对股东股权比例的变化原理展开进一步讨论，发现成熟上市公司较为复杂的股东股权比例对合作机制的影响归根结底是由不同股权结构引起的。而科技型企业的股东股权比例对合作机制的影响与成熟上市公司存在较大差异。现有的股权激励理论、治理理论等均难以很好地解释科技型企业股东股权比例对合作机制作用这一问题。因此，结合科技型企业的实际情况，引入分时权变来探讨其对股东股权比例与合作机制的影响十分必要。

笔者本科、硕士分别毕业于计算机科学与技术专业、软件工程专业，博士的研究方向为：企业组织创新。其很多同学在互联网信息技术行业从业，他们为搜集初创期科技型企业提供了大力帮助。在研究之初，笔者多次前往北京中关村、深圳南山区、成都高新区等区域，对区域内科技型企业展开深入调研与访谈，特别是在北京中关村调研期间，得到了清华大学付国乐、北京理工大学刘冠其、中国人民大学曾博涵、重庆大学王丹等博士的大力支持与帮助。他们为本书的第4、第5、第6章给予实践指导与理论提炼。本书创新提出了基于分时权变视角探索科技型企业中其对股东股权比例与合作机制的影响，弥补了对科技型企业治理领域的研究空白。

由于本书内容源自前人研究基础、提炼于管理应用实践，具有一定理论指导与实践应用价值。因此，本书合适管理学研究生、正处于初创期科技型企业的股东以及对科技型企业运营感兴趣的读者阅读。

目　　录

第1章 绪 论

我国经济结构已从"粗放型"的经济增长方式逐渐转型为"集约型"的经济增长方式。创新驱动发展战略已经成为政府、企业和社会大众认同的战略方针,为我国在世界舞台上持续创造竞争优势奠定基础。促进科技创新成果转化是实施创新驱动发展战略的重要任务之一,实现科技创新不仅是引领经济新常态的"第一动力"(杨承训,2016),更是体现一个国家生产力先进水平的重要衡量指标。

1.1 研究背景

"大众创业,万众创新"(以下简称"双创")理念近年来不断深入人心,越来越多与高科技产业紧密相关的科技型企业陆续涌现。它们通过将科学技术成果化、商业化的方式提高生产力,利用高科技的研发能力快速响应市场,从而超越成熟大型企业。目前,科技型企业已成为我国科技创新和经济发展的重要推动力量,党的十九大报告提出:"创新是引领发展的第一动力,是建设现代化经济体系的战略支撑①。"创新的

---

① 资料来源:https://www.gov.cn/zhuanti/2017-11/02/content_5236286.htm。

经济活动（行为）对国家（区域、组织）发展具有重要促进作用，现代化经济体系以政府宏观调控为主导，以双创为基础，以产业为核心，通过创新融合实现产业升级、区域经济可持续高速发展。其中科技型企业是双创的主力军，其发展情况为产业升级奠定了坚实的基础。2017 年的《政府工作报告》中强调，要将科技型企业的研发费用加计扣除比例由原先的 50% 提升到 75%[①]，通过降低税费成本使得这些企业能够更好地为提升我国的科技创新做出贡献。政府用税收变化的方式支持了科技型企业的发展，说明科技型企业在我国国民经济增长中扮演了重要的角色。由此，科技型企业是我国高科技产业发展的生力军，这样蓬勃发展的产业也吸引了学术界对研究科技型企业发展状况、成长规律等的重要兴趣。

根据西方经济增长理论，科技创新是经济增长的最主要因素之一，而科技型企业快速成长是科技创新的长期动力。科技型企业[②]快速成长过程中需要大量的资金投入，国家已实施一系列支持科技型企业成长的金融政策和措施，比如：鼓励银行增加对科技型企业贷款、大力发展中小型金融机构、支持风险投资机构市场发展、完善高新区代办股份转让系统等新的筹资形式。科技型企业在以上措施下获得了大力发展并激活了学者对科技型企业发展的研究兴趣，相关研究发现科技型企业的成长经历与成熟的上市企业存在较大差异，具有一定的特殊性，归纳起来有以下三个方面：第一，对企业内资源整合的依赖程度较高。科技型企业比成熟的上市企业的组织成熟度、组织稳定度更低，通常处于企业生命周期的早期阶段（余谦等，2018）。第二，对企业

---

① 摘自 2017 年 3 月，李克强总理的政府工作报告，http://finance.people.com.cn/n1/2017/0305/c1004-29124201.html。

② 本书所指的科技型企业是在互联网与大数据等领域中将信息技术研发作为生产力并产品化且处在"天使轮投资之后、企业未进行扩股（无其他第三方投资者增资扩股、无其他第三方投资者股权转让）"之前的初创期科技型企业。这样的企业中科技方以技术研发入股、投资方以投资金额入股，科技方股东、投资方股东在自我实现人性理论、股权激励理论、权变理论的指导下进行有效合作使科技型企业快速发展。

外部资源转换成内部资源的依赖程度高。通常，科技型企业所获取的外部资源（风险投资等）转化为内部资源后会对企业快速发展起到重大的影响（Barney et al.，2007）。第三，对科学技术研发的成败依赖程度高。科技型企业的科技研发属性较强使得新技术研发的成败对其发展起到了更加决定性的作用（粟进等，2014）。因此，科技型企业通常更加重视能提升技术研发能力的优势资源所带来的价值。

股权结构作为现代企业治理的重要内容已得到了大量的研究。在现代企业制度中企业成员间的关系与利益冲突将反映到企业的股权结构上，从而印证了股权结构对企业发展的重要性（Coase，1937；Jensen et al.，1976）。关于股权结构已有的研究以成熟上市企业为研究对象，其研究的视角、研究的结论并不完全适用于科技型企业这一特殊的群体。首先，科技型企业大部分是未上市公司，股东通常由科技方股东、投资方股东等组成，股权分配的方式与成熟的上市企业不同。其次，由于科技型企业中每类股东对企业的创建（发展）都有重大的贡献，它们既是企业的构造者，还可能是企业的经营（指导）者，股东多重功能导致了其治理模式与成熟上市企业有较大的不同。因此，委托代理理论并不适用于分析这类特殊型企业，科技型企业中股东间的关系更加值得关注与研究（冯根福，2004）。股东的股份如何分配会对初创期的科技型企业起到较大的影响，因此，对股东股份分配的前因变量的探索是一个重要而新兴的研究领域（Hellmann et al.，2015）。通过对初创期科技型企业科技方团队的研究发现，科技方团队与投资方机构在企业中如何互动决定了企业股权结构的形态（Hellmann et al.，2011）。因此，企业股权结构还受到投资方的影响，科技方、投资方股份的创新分配对企业快速发展产生了重要影响。

以上围绕科技型企业发展的几个问题中可知，科技型企业中主要包括以技术研发为代表的科技方股东、以投资金额为代表的投资方股东，即分别技术入股①与投资金额入股。但股东持股结构、持股比例的变化对股东在企业中权利、对股东间经营行为的影响等都与进一步深入理解科技型企业的快速发展紧密相连。对于这些领域的探索一方面对相关的学术研究起到了重要的补充作用，另一方面也有益于总结科技型企业快速发展的成功经验，推动它们更好更快地为提升我国科技创新做出贡献。

1.2 研究意义

1.2.1 理论意义

本书通过以分时权变视角探索科技型企业股东股权比例与合作机制之间的理论梳理与实证检验，对权变理论、股权激励理论、企业治理理论与科技型企业成长研究等领域做出了以下三个方面的理论贡献。

第一，发现了科技型企业股东股权比例与合作机制受分时权变影响的具体作用。这既是对研究股东股权比例与合作机制之间关系的延伸，更是对分时权变这一新视角对其影响的重要探索。已有上市公司股东结构理论的实证研究主要考察的股权结构与企业绩效或股东间产出的关系。而本书以科技型企业为对象着重分析了股东股权比例与合作机制受分时权变的影响，研究可知分时权变对科技型企业创业发展的影响十分重要。通过对这一问题的提出和探讨，本书实际上发现了科技型企业股东股权比例与合作机制形成的一个重要前因变量——分时权变，其对企业治理研究有较大的贡献。

---

① 技术入股是以技术人员的知识或知识产权、技术诀窍等作为资本股份，投入合资经营或联营企业，从而取得该企业的股份权的一种行为。

随着科技型企业的快速成长，越来越多的研究者开始注意到这类企业中科技方股东、投资方股东对企业控制权的争夺。高闯和张清（2017）认为创业企业家和创业投资者会根据各自利益的不同，结合所处市场环境和自身能力，争夺企业的实际控制权。王春艳等（2016）提出创始人控制权获取和维持相应的股权、权力让渡与分享、信息和资源占有方式，而通过制度化实现的结构控制是超出创始人个人控制之外的另一种方式。由于大多投资方股东对技术研发的认知是有限的，或通过控制权获得更多收益或直接与科技方股东直接商议收益权的大小。科技型企业初期的控制权（收益权）对其后续成长和发展的影响比成熟上市企业的股权分配更为重要（Lerner et al.，2007；Hellmann et al.，2011；陈逢文等，2012）。关于控制权分配的问题目前较多研究集中在上市公司、上市的科技型企业，关于控制权、收益权的研究目前较少，而关于分时权变（控制权与收益权切换）影响企业发展的研究更是有限的。值得注意的是，在科技型企业中关于对分时权变特征的分析对这类企业发展具有较为重要的意义。由于股东股权比例与合作机制关系在科技型企业中不如上市公司那么规范、那么定量，其受股东持股变化带来的权利变化影响较大，因此归纳总结分时权变的特征既能弥补企业治理研究领域对科技型企业的分析，同时也为这类企业股东持股合作经营提供一定的借鉴。本书发现，由于科技型企业发展中不同持股情况（股权比例）与股东间合作（定向合作、可调合作）的不同需求度，分时权变对这类企业的合作作用效果也将不同。这一结论验证了分时权变这一新视角对股东股权比例的变化与股东合作机制的影响具有较为重要的价值，同时也发现了分时权变是科技型企业股东股权比例变化与合作机制形成的重要因变量，为这一领域的后续研究提供了借鉴。

第二，开发了衡量分时权变的量表。本书以扎根理论为基础定性分析科技型企业中分时权变对股东合作行为的影响，从而获得了其特征。按照扎根理论的研究逻辑，本书以重庆两江新区中科技型企业、投资机构（6家）展开研究，经过走访样本企业获得55条原始资料，然后就"控制权与收益权切换→股东合作关系"的情况展开扎根编码，根据三级编码逻辑提取分时权变的特征［控制权、收益权变化（权变）的边界；控制权、收益权变化（权变）的频率；控制权、收益权变化（权变）的精准度；控制权、收益权变化（权变）的振幅］，进一步分析特征析出的原因，获得了衡量分时权变量表的题项，弥补了学者邱国栋和黄睿（2015）仅对分时权变进行了定性分析的不足。接下来，将获得的量表题项进行题项检查、预调研与数理验证（效度和信度分析），获得衡量分时权变的量表，量表验证了王洪生和张玉明（2014）、王晓文等（2012）科技型企业中科技方股东、投资方股东均对彼此发展起到关键性作用。

第三，提出了涵盖科技型企业股东股权比例变化、分时权变、合作机制三者的整体理论模型，该模型连接了权变理论、股权激励理论与企业治理理论等这些领域。由于上市企业股东持股情况与分时权变之间的联系较少，但权变理论的研究和股权激励理论的研究通常都有不同的关注对象，少有这两个领域之间的交叉。在科技型企业的情境中，股东主要包括技术研发者、风险投资者，在他们身上分时权变对股权比例变化与合作机制的影响更大、更加直接，因此有必要结合这两个研究领域开展分析。本书通过借鉴不同研究领域已有的研究成果和分析方法，在梳理科技型企业股东股权比例变化对合作机制的影响、股东股权比例变化对分时权变的影响、分时权变对合作机制的影响等基础之上，首先提出假设，然后构建概念模型，探索股东股权比例变化、分时权变与合作机制三者之间的逻辑关系，通过数理统计分析厘清了它们间的作用机理，为解释科技型企业的快速发展提出了一种全新的分析思路。

1.2.2　实践意义

本书的选题结合了科技型企业快速成长的实际经营情况与其息息相关的分时权变、股东股权比例与合作机制等要素来展开分析，对我国科技型企业的管理实践也有较大的借鉴意义。

首先，科技型企业在快速成长的过程中应当重视股东成员股权比例的结构。随着我国"双创"环境的不断优化，涌现了一批科技型企业，对于处于发展初期的科技型企业，面临的重大难题之一就是如何实现企业的股东合作，即在股东之间如何通过股份变化改变股权激励股东以完成股东合作。企业股东成员所带来的各种资源对于企业快速发展至关重要（Newbert，2007）。一些科技型企业在建立初期缺乏对股东合作关系的深入思考，忽视了对企业长期发展所需的持续资金支持、技术研发持续创新，因而采取了较为随意的股权分配方案，导致股东间关系的不和谐，从而对企业发展带来不利的影响。本书以分时权变视角分析了其对股东股权比例与合作机制的影响，发现了股东权利变化的创新组合对合作机制构成起重要的作用，尤其是与股东权利等密切相关的科学技术研发、风投机构（资金）等具有相对较大价值的资源，因此科技型企业从创建初期就应重视这些股东间的关系，围绕不同股东不同需求进行持股情况的调整。同时，本书就股东股权比例与分时权变之间的关系进行了定量分析，模拟了股东持股情况在科技型企业中的相对变化区间，这为科技型企业结合不同的股东合作关系向不同持股情况的股东给予回报、再次股份分配提供了一定的参考。

其次，科技型企业为了利用好分时权变的动态设计，应该合理地安排股东的股权结构。在初创期科技型企业中，许多缺乏经验的企业基于节约成本、避免矛盾冲突的考虑，采取了平均分配的持股结构。

通过本书的全面分析可知，平均分配持股是不利于科技型企业快速发展的。这一观点也从实践经营的角度验证了风投机构对于采取平均分配持股结构的科技型企业估值更低，提示在进行股权比例划分时应该结合具体股东的分工（功能）来选择更合适的持股方案。除了平均分配这个陷阱之外，科技型企业中股东"一股独大"的情况，也使得对其他股东的激励变得更加困难（郭鹰，2003）。本书通过对科技型企业股东股权比例与合作机制关系的探讨，发现了对这类企业股东持股变化较为有利的分时权变设计，为初创期科技型企业结合状况基于分时权变设计选择最有利的持股结构，通过创新激励股东形成有效的合作，在合作实现风险共担、收益共赢方面提供帮助。此外，科技型企业股东也可以积极地通过分时权变的动态变化提升决策效率，快速决策可向外界释放出关于自身发展状况的重要信号，吸引更多的投资者关注其发展，也从侧面求证了合作机制是有效的，为科技型企业 IPO 奠定坚实基础。

1.3　研究的主要问题

本书综合探讨了分时权变视角对股东股权比例与合作机制的影响，其内容主要包括了以下四个方面。

第一，科技型企业股东股权比例与合作机制之间的关系。本书基于现有文献研究，在探讨了不同类型股东股权比例与合作机制的原理与效果后，将分时权变这一视角引入科技型企业股东股权比例与合作机制进行探索，深入研究了分时权变对股权比例与合作机制的影响。这一部分内容既检验了近年来股权激励理论领域普遍认为的股东持股情况对合作机制存在影响的观点，同时挖掘出分时权变是解决企业股东股权比例

（持股情况的变化）与合作机制影响的有效设计，即通过有效的作用方式，股东的股权比例影响股东定向合作、可调合作，有效合作的效果让股东对风险共担、收益共赢产生重识，进而改变决策效率，形成合作机制。这为本书继续分析分时权变的特征奠定了坚实的基础。

第二，关于分时权变特征（量表）的研究现状和本书的特点。目前学术界关于分时权变的研究仅停留在理论研究阶段，缺少对其的深入分析。本书基于 6 家（3 家科技型企业、3 家风投机构）样本企业的 55 条原始资料就"控制权与收益权切换→定向合作、可调合作"的经营情况展开扎根编码，根据三级编码逻辑提炼出分时权变特征，分析特征形成的过程，获得衡量分时权变量表的题项。然后，通过题项检查、预调研与小样本数理（信度、效度）检验，验证了量表的科学性，从而开发了分时权变的量表。尽管以往的研究关于分时权变量表的题项或多或少涉及一些，但本书基于扎根三级编码策略首次提取了分时权变量表的所有题项。这为后续进一步实证研究奠定了坚实的基础。

第三，分时权变在股东股权比例与合作机制之间具体发挥的作用，它们三者之间存在的逻辑关系呢。为了更好地厘清它们之间的逻辑路径，本书基于已有学者的研究提出了理论概念模型。通过对成渝地区国家高新区中科技型企业的调研、问卷调查、数据收集，利用数理统计工具，实证分析了股东股权比例变化、分时权变与合作机制三者之间的逻辑关系，验证了概念模型的作用机理。由研究结果可知，分时权变在股东股权比例与合作机制之间存在中介效应。

第四，按照"理论→实践→理论"的科学研究逻辑，本书再次回到理论层面，通过对企业组织理论"两分法→三分法"的分析，确定了"分时权变论"的存在。对不同持股合作机制（静态"一元控制"结构、静态"二元制衡"结构）进行比较，由比较可知在科技型企业发展中"分时权变论"将作为一种理论指导股东动态持股合作，即

"分时权变论"是股东动态持股方案的理论源头。以管理哲学观为视角，从"时""变""道"分析了"分时权变论"的根性差异。

1.4　相关概念的界定

概念的清晰界定是一切科学研究的基础。本部分围绕本研究的核心概念给出界定。

1. 科技型企业

科技型企业（high-technology enterprises）是指将科学技术研发作为生产力并将研发成果市场化的企业。科技型企业主要涉及生物工程技术、信息技术（互联网、大数据等）、新能源技术、电子技术、新材料技术等领域的研发与产品化。科技型企业具有鲜明的双主体性，即以技术研发为代表的科技方与以风投机构为代表的投资方，科技方、投资方是有效合作的主体，高技术性、高投入性、高风险性与高收益性是科技型企业的重要特征。

2. 股东股权比例

股权比例（shareholding ratio）源自股权激励理论。本书将上市公司股权结构的部分情况"移植"到初创期科技型企业中。在企业中股东基于出资情况获得表决权（分红权）等股东权利的份额，一般以百分数来表示，即股东股权比例。在科技型企业中投资方（投资者）股东以出资额入股、科技方（技术研发团队）股东以技术研发代替出资金额入股，双方根据初期契约确定股份份额（股权比例）并行使初期股东权利，在企业快速成长中股权比例伴随股东股权份额发生变化。

3. 分时权变

分时权变（time - sharing contingency）的提出源自权变理论、两

权分离理论等。它将旅游学中"分时度假"模式对资源的控制（权）、收益（权）与权变理论、两权分离理论等适权管理原则创新融合在一起，是一个跨界（学科）的概念。本书中的时权变有两重含义：第一，以解决科技型企业有效合作为目的，沿用西方权变理论的含义，即当内在要素和外在环境条件都各不相同时，在管理活动中不存在适用于任何情景的原则和方法。第二，在科技型企业中股东双方（科技方、投资方）以契约为基础，在关键时间（时机）权利发生不同分配，即控制权、收益权随时间（时机）发生切换。控制权、收益权的大小（有无）视作错时配比设计，是以第一重含义在科技型企业中的具体化应用。分时权变设计的提出是一种全新管理思维，即不是按照职能、按照投资分配权利，而是按照时间（时机）分配权利。

4. 合作机制

机制一词原指机器的构造原理。在生物学（医学）中，机制这个概念用以表示有机体内发生生理或病理变化时各器官之间相互联系、作用和调节的方式。不少学者将机制一词引入经济组织中对经济现象展开分析。机制一般分为宏观与微观两个层面：通过与之相应的体制和制度的建立（或者变革），机制是体制和制度的实践体现，例如：在两种经济体制之下（计划经济体制、市场经济体制），形成了截然不同的经济运行机制，即宏观层面的机制。在企业中形成了一种新的组织结构，该组织结构在企业运行与完善方面发挥着重要的作用，即微观层面的机制（刘荣娟和赵道致，2014）。本书研究的是微观层面的机制，即科技型企业中实现了一种有效合作（定向、可调合作）的"作用方式"，这种"作用方式"是由一套规则（设计）构成的，在双方股东（科技方、投资方）合规运作时才能实现有效合作，双方股东从"契约合作（契约型合作）"到"定向合作、可调合作（有效合作）"，在有效合作中股东对"担风险、均共赢"产生重识，优化股东决策效率，最终形成合作机制（cooperation mechanism）。

1.5　研究方法

本书综合运用了多种研究方法以分时权变为视角对股东股权比例与合作机制的问题进行深入分析。具体如下：

（1）文献研究法。文献研究法，即指通过对文献内容的分析来揭示文献所反映事物的性质的发展规律的方法。本书对国内外相关文献进行梳理与归纳，概括并丰富了研究的理论基础，对德鲁克等的自我实现人性理论、权变理论、股权激励理论等展开了研究。在理论梳理与评述中确定了本书研究的核心关键概念。在选题和写作过程中，笔者查阅了大量的中外文研究文献并对其进行分类、整理，从而找到了本书的文献基础。

（2）定性跨案例研究法。案例研究法，即以典型案例为素材，通过具体分析、解剖，促使研究者进入特定的情景和过程，建立真实的感受和寻求解决问题的方案。案例研究是解决"怎么样，为什么"的最佳方法。在定性研究中，扎根理论是主流分析方法之一。扎根理论研究方法的发展归功于巴尼·格拉泽和安塞尔姆·斯特劳斯两位学者，他们于1967 年出版了《扎根理论的出现》（*The Discovery of Grounded Theory*）一书，随之正式提出"扎根理论"一词。案例研究分为单案例研究与跨案例研究，而扎根理论（grounded theory）更多地应用于跨案例研究，通过跨案例资料的反复验证以寻找共性，从而构建理论路径（模型）。本书案例企业的选择标准是行业数一数二、发展快速（创业成功），最后选定了科技型企业、风险投资机构共 6 家作为样本，运用扎根理论对收集的文献展开三级编码分析。在具体的运作技术上，本书以文书说明与图表阐释相结合的形式递进推演，不断提炼理论，最终开发了衡量分时权变的量表。

（3）定量数理研究法。定量研究法，即为了对特定研究对象的总体模型得出统计结果而采取的研究方法。定量研究的对象是客观的、独立于研究者之外的某种客观存在关系（关联），与定性研究有所不同。定性研究的对象与研究者之间的关系相对密切，研究对象被赋予了主观色彩，成为研究过程的有机组成部分。定量研究的对象可以像解剖物体构造一样被分成几个部分，通过这些组成部分的观察获得对整体的认识。而定性研究的研究对象是不可分的有机整体，它们检视的是全部和整个过程（Creswell，2007）。基于以上两点，本书通过对相关理论与文献分析提出研究假设，构建概念模型，运用数理统计分析与结构方程模型等对股东股权比例、分时权变与合作机制进行定量分析。具体采用问卷收集相关数据，利用 SPSS24.0、MPLUS、UCINET 对构建的理论概念模型进行信度与效度、多元回归等分析，最后通过结构方程模型来验证理论概念模型的作用效应。

1.6　研究结构与技术路线

1.6.1　研究结构

本书共包括 7 章，其中：

第 1 章为绪论。这一部分主要介绍本书的研究背景，进而提出本书的主要研究问题、相关概念的界定、研究目标与研究意义、研究内容与研究方法、研究结构与技术路线、主要创新点等。

第 2 章为相关文献综述。这一部分主要是追本溯源地梳理股东股权比例、分时权变、合作机制等核心概念的理论来源。通过分析分时权变的出现与特征，清楚认识分时权变是影响股东股权比例与合作机制之间的关键动力，分时权变是股东股权比例与合作机制的自变量，股东股权比例与合作机制是分时权变的因变量。

第 3 章为股东股权比例对合作机制影响的理论研究。对合作机制研究对象的演进、股东股权比例的原理展开了讨论，针对不同类型的股东探索了股权比例对合作机制的影响。这一部分的研究检验了近年来股权激励理论领域普遍认为的上市公司中不同股东类型持股情况对股东合作机制存在一定的促进作用，为引入分时权变做好理论铺垫。由于科技型企业的股东股权结构与上市公司股东股权结构存在差异，分时权变的引入为分析科技型企业股东股权比例与合作机制提供了新视角，更为后续进一步分析分时权变的特征奠定了基础。

第 4 章为分时权变的量表开发。基于 6 家样本企业的原始资料就"控制权、收益权切换"的情况展开扎根编码分析。根据三级编码，逻辑提取分时权变的特征，分析特征形成原因析出衡量分时权变量表的题项。将量表题项进行检查、预调研与数理验证，最终获得衡量分时权变的量表，为本书后续定量研究奠定了基础。

第 5 章为分时权变中介效应：股东股权比例与合作机制的实证研究。通过文献梳理提出假设并构建概念模型，然后对成渝国家高新区中的科技型企业进行调研、问卷调查、收集数据，利用数理统计工具对分时权变在股东股权比例、合作机制之间起中介效应进行了探索。通过定量研究分析，厘清了概念模型中三者之间的作用机理。

第 6 章为"分时权变论"与现有股权理论的根性差异。按照"理论→实践→理论"的科学研究逻辑，通过对企业组织理论"两分法→三分法"的分析，确定了"分时权变论"的存在。对不同持股合作机制（静态"一元控制"结构、静态"二元制衡"结构）进行比较。最后从哲学观的视角，分析了"分时权变论"出现的根性差异。

第 7 章为研究结论与展望。

1.6.2 技术路线

本书的技术路线如图 1-1 所示。

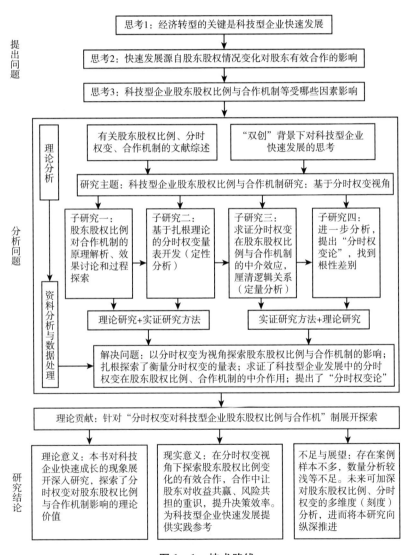

图 1-1 技术路线

资料来源：笔者绘制。

1.7 创新点

本书以权变理论、两权分离理论、股权激励理论、企业治理理论为背景，将科技型企业的快速发展为研究对象，探讨了分时权变对科技型企业股东股权比例与合作机制的影响，进一步分析了分时权变设计在它们中扮演的重要角色。本书深化了在科技型企业这一特殊情景下分时权变对股东股权比例与合作机制的作用，为持股激励、企业治理与创新创业研究都做出了一定的贡献，并为专门针对科技型企业这一快速发展的群体研究提供了较新的视角。具体来看，本书主要具有以下三方面的创新点。

第一，开发了衡量分时权变的量表。由于科技型企业股东类别较少、股东人数不多，故这类企业的治理问题不同于成熟型上市公司中委托代理理论对所有者与经营者之间利益冲突的分析，而是更多地表现为在企业发展的重要时机（时间）企业内部权利的分离。此时，股东通过持股情况（股权比例）的变化将改变股东权利，为股东间的创新激励、创新经营问题提供了可能（高仁强，2019）。尽管学术界已经逐渐认识到了这一特殊性，但目前对于科技型企业股东权利变化的文献仍较多地集中在上市公司的股权结构下产生的相关影响，对于初创期科技型企业内部的股权分配的研究仍是一个新兴研究领域（Wasserman et al.，2011；Hellmann et al.，2015）。本书分析了科技型企业股东股权比例与合作机制受分时权变的影响，针对分时权变这一全新视角，以6家企业（科技型企业＋投资机构）为样本展开扎根理论分析，按照"控制权与收益权切换→定向合作、可调合作"的逻辑，获得了55条原始信息，通过三级编码获得了分时权变的特征：权变的边界、权变的频率、权变的精准度与权变的振幅。进一步分析特征析出的原因，获得了衡量分时权变量表的题项，弥补了前人（邱国栋和黄睿，2015）对分时权变特征的定性分析。接下来，将获得的量表题项进行题项检查、预调研与数理验证（效度和信度分析），开发了衡量分时权变的量表。

第二，探索了分时权变在股权比例与合作机制之间的中介效应。首先，以现有文献为基础，根据文献将股东股权比例、合作机制进行逻辑梳理，再结合分时权变特征一共提出 13 个假设，构建拟求证的概念模型。然后，对成渝国家高新区中的近百家科技型企业进行调研与问卷调查、收集数据，利用多种数理统计工具对问卷进行信度、效度检验后展开多元回归分析，通过多元回归挖掘出分时权变、比例与合作机制三者中两两之间的关系，接下来按照概念模型逻辑一步一步进行中介效应验证，最后利用结构方程模型将概念模型进行拟合，从而探索了在股东股权比例与合作机制之间分时权变存在中介效应。13 个假设中，除了 H2a、H3a 与 H4a 不成立，其他假设均通过验证，其中权变的频率（核心集）在股东股权比例与合作机制之间发挥完全中介效应、权变的精准度（权变洞）与权变的振幅（敏捷性）在股东股权比例与合作机制之间发挥部分中介作用。中介作用的出现厘清了模型中三者之间的逻辑关系，即剖析了分时权变对股东股权比例与合作机制的作用机理，部分支持了高闯（2017）、王春艳（2016）等学者的研究成果。

第三，确立了"分时权变论"。本书遵循"理论→实践→理论"的科学研究逻辑展开进一步探索。通过对不同持股情况下的合作机制（静态"一元控制"结构、静态"二元制衡"结构）进行比较，可知在科技型企业发展中"分时权变论"将作为一种理论指导股东动态股权合作，"分时权变论"是股东动态持股方案设计的理论源头。本书最后从哲学层面分析"分时权变论"的根性差异。"分时权变"为企业创新创业研究提供了一个新的视角，从过去的研究中看，股东人数较多、成分较为复杂的上市公司的整体股东情况与企业的治理和股东合作之间相关性不高、研究难度较大。因此，学者们更加关注少部分特别突出的股东（大股东、第一大股东、第二大股东……）或利益相关者的合作经营对企业发展的具体影响（李远勤等，2009；李文洲等，2014）。然而，处于初创期的科技型企业中的特征股东在经营中扮演更关键的角色，此时分时权变将影响股东持股情况变化、合作机制成为符合这类企业自身特征的且能更好地解释这类快速发展的原因。"分时权变论"弥补了企业治理理论、股权激励理论中对科技型企业的治理理论的缺失，是对权变理论与两权分离理论的再次补充，为关注科技型企业创新创业成长研究提供了一个更合适的理论支持。

第2章　相关文献综述

2.1　合作机制的理论基础

2.1.1　自我实现人性假设理论

1. 前德鲁克时代自我实现人性假设理论

精神病理学家、心理学家戈尔德斯坦首次提出人本主义心理学，其"自我实现"是其最重要的概念之一。他认为"自我实现"是一种使自身潜力得以实现的倾向。杨韶刚和孔祥勇（1993）认为戈尔德斯坦的人类行为具有复杂性，既不是完全由外部刺激决定的，也不是完全由心灵内部的无意识决定的。工作环境中，人们能够做到克服自我实现与解决与外部工作环境之间的矛盾。当工作环境与自己的爱好趋同时，人将怡然自得、不觉疲惫、竭尽全力把工作做到最好，从而自我实现。以工作为载体的自我实现是戈尔德斯坦观点的重要假设，他认为人潜能的实现只有在工作中才能被发挥与激发。他还第一次从机体潜能发挥的角度阐述了机体论心理学与自我实现理论的关系（车文博和廖凤林，2001）。自我实现是由戈德斯坦首次提出的，作为一个全新的概念其在机体论心理学中处于重要的地位。

在戈德斯坦心中自我实现是人机体潜能发挥的一种内驱力，是人本主义心理学的一种创造性倾向，是满足人需求的最高目标（马欣川，2002）。

在继承戈尔德斯坦的人本主义心理学重要思想后，马斯洛提出了健康人格、理想人格的"自我实现"。他认为，人的终极理想状态是追求展示自我实现与存在的价值，即为人生的意义[①]。马斯洛提出自我实现的意愿首先在于"认识自己→了解自己的潜能→如何实现"。关于自我实现的观点，他还有一些代表性的表述方式：

第一种表述：人的潜能得以实现的倾向，即自我实现，为了实现自我实现可以使一个人成为他能够成为的一切。[②]

第二种表述：自我实现要求一个人成为什么，他就必须忠实于他自己的本性。这样才能达成主观感觉上和谐的、满意的活动。实现了自我实现的人大多是受内心价值观的驱动，是追求价值实现的人。[③]

第三种表述：充分利用和开发天资、拓展能力、激发潜能等是自我实现者常见形容词。[④]

以上三种表述有一个共同点，即马斯洛具备潜能且释放自己潜能的人，将成为能够成为的人——自我实现者。

（1）超越型自我实现者。

健康型与超越型是马斯洛对自我实现者的分类。两类的区别在于：第一，超越型体验较少的会在健康型的自我实现者中出现。第二，超越型体验会常出现在超越型自我实现者中，这样的体验对他们至关重要。因此，马斯洛所提到的自我实现者是指超越型自我实现者。在

---

① 李强，汪洋. 大家精要·马斯洛 [M]. 昆明：云南教育出版社，2010.
② [美] 马斯洛. 人的潜能与价值 [M]. 北京：华夏出版社，2007.
③ [美] 马斯洛. 人性能达到的境界 [M]. 方士华，编译. 北京：北京燕山出版社，2013.
④ [美] 马斯洛. 动机与人格 [M]. 许金声，等译. 北京：华夏出版社，1987.

《动机与人格》中，他详细地描述了这样一些超越型的自我实现者，他们具有"对现实更加敏锐的洞察力""高度的包容与接受性""以问题为中心""超然独立的个性""拥有高峰体验"……①

（2）自我实现者的创造性。

不少人认为创造是天才的特权，容易对自我实现者的创造带来误解。而事实上，马斯洛所说的创造性主要是由人格造成的。创造性的概念无限接近自我健康、自我实现等概念。通过跟踪观察，马斯洛发现每个人身上都具有创造性的力量，创造能力的出现既稀有又普遍②。自我实现者的创造性是散发到或投射到整个工作生活中的，因此，超越型的自我实现者和自我实现的创造性几乎是同义的。综上所述，对它们的分析为德鲁克管理思想的诞生奠定了坚实基础。

张瑞林等（2015）认为麦格雷戈的 Y 理论③将个人需要的满足与组织目标的实现联系了起来，因此，该理论也叫作组织目标与个人目标的完美结合体。在 X 理论④中，最核心的观点就是所谓的"惩罚＋奖励"的政策，该政策在过去的管理经验中曾取得过不菲的成绩。当社会经济发展到已能够满足公众的物质需求时，企业中实施该政策已不能再对员工的行为起到驱动（激励）作用。在 Y 理论中，企业工作的员工想通过实现工作目标来获得认同。在大部分情况下，人们愿意对自己工作（行动）负责并具备努力将自身潜能发挥出来的渴望。控制、鞭策、驱赶等惩罚对促进员工尽力完成工作目标并非仅有的行之有效的方法（龙晓琼等，2012）。组织应该通过制定共同工作目标来促进个人工作目标的实现，在个人目标实现中自我管理和自我挖掘，

---

① ［美］马斯洛．动机与人格［M］．许金声，等译．北京：华夏出版社，1987.
② ［美］马斯洛．科学心理学［M］．西安：陕西师范大学出版社，2010.
③ Y 理论认为个人发展目标与组织发展目标融合。
④ X 理论认为工人只是一种会说话的工具，管理者必须实行"胡萝卜＋大棒"的政策才能展开管理。

实现某种程度上的"自我自由"。因此，麦格雷戈的 Y 理论假设最终是"人是'自我管理'的人"，"自我管理"为后来德鲁克管理思想中的自由人提供了理论基础。

美国管理学家埃德加·沙因在对人群关系论、X—Y 理论和需求层次理论研究基础上，提出了他本人对人性的看法（沙因，2012）。葛荣晋和邱忠来（2013）认为沙因总结出几种人性假设：第一，理性经济人假设。该假设中管理工作主要就是对人诱之以利，惩之以罚，即俗话说的"胡萝卜＋大棒"的管理方法。这种人性假设，与麦格雷戈的 X 理论很相似。第二，社会人假设。该假设认为，人们最重视的是在工作中与周围人友好相处，良好的人际关系，比上级主管的控制力更加重要。第三，自我实现人假设。该假设认为，人渴望最高级需要时最起激励作用，而马斯洛需求层次的最高一层就是满足自我实现的需求。自我实现是指在满足需求中人的潜力将充分发挥，人的才能将充分表现，人会感到最大的满足（弗拉克，2007）。人们除了社会交往需求之外，还有一种想充分运用自己的各种能力、发挥自身潜力的欲望。第四，复杂人假设。该假设认为，现实中的人会随环境的变化而变得复杂，不仅因人而异，而且因环境而异。以上四个假设中，自我实现人假设的观点认为：人是自我激励、自我指导和自我控制的，具有提高自身能力、充分发挥个人潜能的强烈愿望。因此，企业应该通过提供具有挑战性的工作使人在工作中不断成熟，在完成挑战性的工作时使人觉察到内部激励（殷蒙蒙，2019）。综上所述，沙因的"自我实现人假设"突出了人对自我成就（自我实现）的追求，在强化人的自由成长中为德鲁克的管理思想奠定了深厚的根基，是其管理思想最直接的来源，见表 2 - 1。

表 2 – 1   前德鲁克时代的管理思想

代表人物	经典理论	主要观点	析出
戈德斯坦	自我实现作为一个心理学的概念，首次被提出	（1）自我实现是机体潜能发挥的一种内驱力。 （2）自我实现是人的本性中的一种创造性倾向，是人生活最高目标的表现形式	德鲁克的自我实现人性假设
马斯洛	"自我实现者"的特征	（1）自我实现者具备了一定人格特征。 （2）超越型的自我实现者是马斯洛研究的	
麦格雷戈	Y 理论	（1）将个人需求的实现与组织目标的实现联系了起来。 （2）组织通过共同制定目标促进个人目标的实现，从而实现某种程度上的个人自由	
埃德加·沙因	自我实现的需求	（1）人是自我激励、自我指导和自我控制的。 （2）这种人具有提高自身能力、充分发挥个人潜能的强烈愿望	

资料来源：笔者整理。

2. 德鲁克的自我实现人性假设理论

德鲁克是经验主义管理理论的重要代表人物，他提出的"自我实现人"假设是针对当今知识型员工（高科技研发人才）的重要管理思想和管理原则，具有非常现实的可操作性（罗仕国，2013）。德鲁克在吸收了马斯洛的"自我实现者"特征、麦格雷戈的 Y 理论与沙因的自我实现的需要的基础上，针对现代企业员工的特征提出了现代企业中工作内容、员工与众不同的特点。他的人性假设——"自我实现人"为当今企业的管理实践活动提供了做了重要的铺垫。"自我实现人"假设主要包括以下三个阶段（特征）。

（1）自我认知。

自我认知是自我管理思想的起步阶段（刘姗，2016）。这一词来源于国外基础心理学对人脑认知事物的研究，该研究曾在西方基础心理学界掀起了一股研究认知心理学的热潮，认知心理学主要研究人脑认知事物的过程，其包括对思维、意识、知觉的分析、对记忆的探索等一系列人脑的心理活动。自我认知，具体来说是熟悉和正确认识并接受自己所具有的特质，由自我观察与自我评价组成。

（2）自我实现。

自我实现是自我管理思想的成熟阶段（刘姗，2016）。自我实现的特征主要体现在以下几个方面：首先，处于自我陶醉式的体验生活，是一种聚精会神的状态；其次，在状态中需要不断地做出未来发展方向的决定；再次，重要决定时刻给人带来一种强烈的个人高峰体验，这种高峰体验刺激人享受成功的快感（弗拉克，2007）；最后，成功的快感给人带来勇气，让人敢于在人前展示独特的自我，将委以重任。可见，一旦激发了自我实现的需要，个体就会产生强烈的奋发向上的动力，动力将不断刺激个体自觉地排除万难，朝着既定目标坚实地迈进（朱翰墨和杨忠，2018）。

（3）自我更新。

自我更新是自我管理思想的高级追求和终极目标（刘姗，2016）。它是指不停止对自我的之前已具备的知识体系和技能水平的不断询问质疑、琢磨和重新审视（刘晓，2014）。不断挖掘新理论，不断更新知识数据库，不断扩充知识结构与逻辑，清晰地认识原有知识（理论）的不足，所以才能够使知识和科学不断完善，不断迭代（董姝妍和邱国栋，2017）。因此，主动知识更新，自我重塑自己。

科技型企业的技术方股东在自我实现人性假设理论的指导下，为了实现技术研发的不断创新展开自我认知、自我实现与自我更新。在技术研发的不断创新中实现自我，在不断的自我实现中推进科技型企业的成长。

2.1.2 合作机制与自我实现人性假设理论

德鲁克在《21世纪的管理挑战》中指出：我们现在所处的这个时代处处是机遇①。拥有雄心和智慧的你，不论从哪里开始，你都可能走在通往事业辉煌的大道上（陈春花和陈鸿志，2013）。

1. 自我实现的内在条件

内在条件主要包括两个方面：一是对自我潜能与价值的认知力；二是基本需求的满足。自身弱点的自我调节源自对自我潜能与价值良好的认知力，这是内在条件的主导因素。自我实现是在基本需求满足的前提下达成的。在基本需求满足过程中，自我实现者必须抛弃满足基本需求所带来的负面效应（杨绍刚，2009），明白人活着的真正意义，而不能只追求物质利益的满足。自我实现者必须做到不受基本需求的拘束，使自身的价值观念与事物发展法则合二为一（鲁力，2015）。这便是自我实现的内在条件。

2. 自我实现的外在条件

外在条件即对自我实现起促进（限制）的作用。自我实现的达成，除了内在条件起作用还需考虑外在条件。虽然具备正向刺激的创造性潜能起到一定作用，但个体对这种需求没有本能需求来得强烈，几乎属于微弱的冲动。因此，外在条件的培养将促进个体发挥个人潜能并达成自我实现。良好的外在条件是人能够进行自我实现（创造）的保障。除此之外，外在条件应给予人个体正确的诱导和帮助，帮助其实现潜能（邱国栋和王涛，2013）。德鲁克认为，在外在条件满足

---

① 彼得·德鲁克.21世纪的管理挑战［M］.朱雁斌，译.北京：机械工业出版社，2014.

自由、共存、合作（协同）等特征后，必定是一个能满足个人基本需求的良好环境。

科技型企业在成长过程中股东需要这样自由、共存、合作（协同）的创业环境。在"天使投资结束后→企业进行扩股之前"的阶段主要由科技方（技术研发团队）股东、投资方（风险投资机构）股东组成。科技方股东具有德鲁克的自我实现人性假设的三个特征，即自我认知、自我实现与自我更新。科技方股东首先对技术研发能力（应用）有清晰的认知，期待通过创业将技术推向市场，同时由于科技方具备较强的学习能力，在创业阶段可通过不断学习自我更新知识与技术，但科技方股东缺少创业资金。此时，科技方急需投资方（风险投资机构）进入企业中，双方将在企业中实现一种有效合作（定向合作、可调合作）式的"作用方式"，在保障收益分配的同时防止企业创业失败。

2.1.3 合作机制的内涵

科技型企业主要由科学技术研发（生产）为代表的科技方以技术入股、由风险投资机构为代表的投资方以资金入股，双方股东在有效合作中促进了科技型企业快速发展。双方股东的有效合作主要是由股东持股情况决定的（胡宝民等，2005）。布尔巴基等（Boubakri et al.，2013）从风险承担角度入手，发现外资股东股权比例与企业投资风险正相关，风险较大的创新性项目对外资股东更具吸引力。投资者股权比例的变化改变了企业的创新水平（Luong et al.，2014）。合作是指在现代经济体制背景下，两个或两个以上组织（企业）组成的经济形式，其目标在于优势互补下的风险共担、收益共享等（刘学和庄乾志，2014）。

　　科技型企业主要由以技术入股的科技方、以资金入股的投资方组成，双方根据初期契约确定各自的股权比例，根据股权比例来获得相应的权利，技术入股的科技方在自我实现的人性假设理论的驱动下、在股权激励理论[①]的作用下与投资方展开有效合作的"作用方式"。这种"作用方式"是由一套规则（设计）构成的，在双方股东（科技方、投资方）合规运作时才能实现合作的作用效果，双方股东在"作用方式"的指导下完成了从"契约合作（契约型合作）"到"定向合作、可调合作（权变型合作）"，通过"权变型合作"实现对"担风险、均共赢"的重新认识，有效的合作优化了决策效率，形成合作机制。由此可知，科技型企业的合作机制已形成，如图 2 - 1 所示。下文主要探讨影响科技型企业合作机制的相关因素。

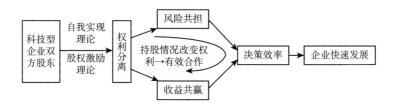

图 2 - 1　科技型企业的合作机制分析图

资料来源：笔者绘制。

2.2　股东股权比例的理论基础

2.2.1　股权激励相关理论

　　股权激励是指股东以股份数获得公司股权，股权使股东获得一定

---

①　关于股权激励理论对股东股权比例的影响见 2.2 节。

的权利，股东根据权利的变化实现收益共享、风险共担，通过优化决策保障公司持续发展的一种激励方法。

1. 委托代理理论

委托代理理论（principal agency theory）是将传统企业理论、契约理论、交易费用理论等理论进行融合，在完全契约框架下产生了现代企业理论。所谓"完全契约"（complete contract）是指将来所可能发生的事件已被契约当事人充分预见，契约中明确规定了每个事件中的权、责、利，契约当事人按照制度办事是明智之举。在委托代理理论中，委托人、代理人被假定为完全理性的；两方之间的信息是不对称的；两方之间的契约条款是被第三方知晓的；既对代理人产生制约与激励融合的约束，又能满足委托人的最大利益。由此，委托代理理论的指导思想是委托人通过设计激励与约束机制使代理人按照目标行事，实现委托人利益最大化。詹森和麦克林（Jensen & Meckling，1976）将委托代理理论用于治理问题（主要是指股东与管理者之间的代理问题)①。由詹森和麦克林提出的代理理论是指："一组契约关系连结的企业"在契约下委托人聘用代理人来处理委托人本应履行的服务（包括把若干决策权托付给代理人）。因此，在两权分离条件下，在双方信息不对称、个人有限理性、个人目标函数均不一致时，股东（作委托人）与管理者（代理人）之间就产生了代理问题。JM 理论认为，当公司部分股权被管理者持有时，管理者趋向于以额外津贴的形式占用公司大量资源，管理者拥有公司全部股权，若公司市场价值出现变化，减少部分就是外部股权代理产生的成本（李善

---

① 理论界通常将詹森和麦克林于 1976 年提出的理论称为"代理理论"或"代理成本理论"（agency costs theory）。JM 理论将这种由股东与管理者之间的代理冲突所产生的代理成本称为"外部股权的代理成本"，具体包括：股东的监督支出、管理者的保证支出和剩余损失。

民等，2005）。进一步研究发现，提高拥有控制权管理者的股权比例，能有效激励管理者的努力程度与创造性活动，降低代理成本（李小荣和张瑞君，2014）。

委托代理理论的另一篇经典论文是由法玛和詹森（Fama & Jensen）发表的 *Separation of Ownership and Control*。法玛和詹森（1983）提出了解决控制决策功能引起的承担风险分离而产生的代理问题。他们将公司的决策分为四个步骤，即提议、认可、贯彻与监督①。在四个步骤的运行中发现，可将提议与贯彻融合为"决策经营"，将认可与监督融合为"决策控制"。在此基础上，法玛和詹森还指出，代理成本包括利益冲突的各代理者之间一系列契约组合成本②。他们认为，剩余索取者同时也是剩余风险的承担者，当执行重要决策的经营者并不是主要的剩余索取者且不分享其决策所带来的财富收益时，经营者就很有可能偏离剩余索取者的利益，从而产生代理问题（Fama & Jensen，1983）。因此，针对股份公司，将决策经营与决策控制相分离的情况可以有效控制因决策经营功能与剩余风险承担功能的分离所产生的代理问题。而对于那些"不复杂"③的简单小组织，特定的信息在各代理者之间传递需要花费的成本是可以完全详细记录的信息④。简单小组织趋向于简单，复杂大组织则趋向于复杂，将决策经营与决策控制集中于一个或少数几个代理者可以有效解决因决策经营与决策控制结合而引起的代理问题，进而提高公司的经营效率（Fama & Jensen，1983）。

---

① 四个步骤：提议，提出资源利用与契约结构的建议；认可，对所要贯彻的提议作决策选择；贯彻，执行已认可的决策；监督，考核决策代理者的绩效并给予奖励。

② 契约组合成本：主要指实施契约的成本超过收益而造成的价值损失，价值损失与詹森和麦克林提出的剩余损失相同。

③ 不复杂：法玛和詹森认为"不复杂"是指与决策有关的特定信息集中于一个或几个代理者身上。

④ 参见：陈郁. 所有权、控制权与激励：代理经济学文选［M］. 上海：上海三联书店，上海人民出版社，1998.

2. 管理层权力理论

对股东大会和董事会的影响和控制，在不少学者研究中被界定为管理层权力。管理层权力，即对公司重大经营决策的影响力，管理层权力越大对企业的决策影响越大。兰伯特等（Lambert et al.，1993）指出，在决策权、监督权以及执行权中管理者执行自身意愿的能力为管理层权力。拜伯切克等（Bebchuk et al.，2002）认为高管权力会使高管薪酬激励偏离其最优状态。因此，高管权力是高管薪酬激励的重要影响因素。拜伯切克和弗里德（Bebchuk & Fried，2003）基于委托代理理论框架提出决定高管薪酬的两种理论：一种是最优薪酬契约理论；另一种是管理者权力理论（managerial power theory）。拜伯切克和费里德认为保障薪酬激励的前提条件有三个：第一，外部市场的有效约束；第二，具有有效的董事会机制；第三，拥有有效的股东权力。三个条件不能同时满足，薪酬激励机制就不能解决代理问题。而管理层权力理论认为，管理层权力越大越有动机与能力通过影响公司决策来保障薪酬激励。但是企业在实际经营管理中，往往难满足以上基本前提，尤其在企业治理机制不完善时，股东难以对管理者实施有效的监督，管理者可能借助自身的权力和影响力左右企业重大的投资决策。在破坏最优契约理论的环境中，削弱薪酬激励的效果。

管理者权力的存在使得管理层激励也并非完全有效。第一，管理者权力越大，越有动机和能力逃避监管。第二，权力的诱惑使得管理者不必完全依赖个人薪酬契约机制来获得财富，在权力中通过其他渠道进行寻租，进而增加财富。例如：通过权力来操纵企业的业绩指标并在所披露的盈余异常高时将其所持有的权益套现，管理者权力的高低会影响盈余管理的程度（权小锋等，2010）。第三，权力较大的管理者还会运用自己的权力去影响董事会的薪酬制定决策，干涉董事会的提名与选聘，按照自己的利益和偏好设计激励契约，这破坏了薪酬激励的有效性与公正性。较差的企业治理下高管往往拥有更大的权力，权力越大，自定薪酬获取私利的动机越强，整体薪酬水平越高，企业所负担的代理成本也越大。第四，管理者权力将影响董事会的独立性，降低董事会对总经理和其他管理层的监督效率。在监管环境薄弱和企业治理结构混乱时，权力大的管理层可能会利用其对企业的控制权来影响股权激励方案的制定，操纵薪酬管理降低股东价值，使其与己有利（王烨等，2012）。

3. 风险承担理论

由于投资能够影响企业现有和未来的现金流，导致经营陷入困境，收益下降，因此，在企业经营中最大的风险源自投资决策。经济学专家奈特（Knight）提出，企业所有投资决策都属于风险决策。由于风险的两面性，其不确定性为企业获得超额收益提供了机遇。因此，很多企业认为投资决策是企业价值创造的重要因素。

风险承担理论认为股权激励能影响企业规避风险，改变管理者对风险的态度，从而影响管理者的投资决策。风险承担是指企业管理者理性（非理性地）主动承担风险，是一种投资决策行为取向，表现在管理者在决策中对未来不确定性的选择（Wright et al.，1996）。在模拟的市场环境①，管理者在投资决策中首先选择投资净现值为正的项目，因为这些项目所增加的收益使股东价值增加。但是现实的市场是不完美的（模拟市场环境中的要素均存在），代理成本会导致管理者的非效率投资，进而偏离最优投资水平。在投资中，风险相关的代理问题源自管理者和股东的风险偏好不同，从而导致投资决策项目的不一致性（Hemmer et al.，1996；Parrino et al.，2002）。从企业经理

---

① 模拟的市场环境：主要是市场中无交易成本、无所得税、投资者完全理性、对投资决策具有同质预期、信息完全对称。

人角度来看，能够导致经理人规避风险的原因有很多种。首先，经理人会根据自己利益的变化来选择降低风险的投资决策。约翰等（John et al.，2008）认为经理人会为了避免冒险，而选择不学习新知识、不更新技术。选择那些风险较低的投资项目，经理人可利用自身的控制权获得更大的私利。其次，经理人的职业生涯背景也是影响其不愿意冒险的重要原因。最后，经理人在决定投资的风险水平时会考虑解雇风险，解雇风险提高 10% 时，股票回报波动率下降 5%～23%。而肯普夫等（Kempf et al.，2009）的实证研究表明，经理人的风险承担行为与雇佣风险、薪酬相关。

另外，经理人在投资决策中会考虑声誉。大多数股东只有通过投资项目的成败和企业业绩等显性因素考察经理人。风险高的投资项目，失败的可能性也较高，经理人为了获得更好的声誉，倾向于选择风险低的投资项目。为了激励经理人与股东决策一致，需在制度设计中将风险承担与未来收益统筹起来，而最佳的方案就是在已有的薪酬制度上给予股权激励。高风险项目伴随高收益，经理人持有股份会随风险增大而增值。在巨大收益的诱惑下，经理人预期其持有的股份增值将高于高风险项目的风险成本时，经理人就会与股东一样主动选择高风险项目。

根据风险承担理论可知，股权激励（期权激励）能有效缓解风险规避型经理人因行为扭曲而产生的代理问题。布莱克·斯科尔斯（Black Scholes，1973）认为经理人的股权激励将经理的个人财富与企业股价的风险联系在一起，经理人的个人财富会随着企业风险而波动，风险越大意味着经理人可能的收入越高。股权激励机制为经理人薪酬增长提供的无限的想象空间，因此，在股权激励与风险承担关系中，股权激励了经理人选择风险高且净现值为正的投资。在高管的薪酬结构中，货币薪酬与风险无关，而收益性薪酬具有"凸性"，将企业风险和经理层薪酬收益激励相联系。因为，收益性薪酬更能将双方（经理层与股东）利益绑定在一起，在风险承担的激励作用下，收益性薪酬能够减轻经理人在不确定环境下的规避风险行为。

以上三种理论为企业利用股权实现激励完成利润分享、风险承担与企业决策提供了解决方案。但这些解决方案源自企业两权分离带来的委托代理，委托代理带来了信息不对称，信息不对称带来了代理成本，从而引发对管理者权力范围、风险承担能力、对收益分享的讨论。由于涉及的企业内部股东较多，各股东属性不一，对企业发展影响不一，加之企业类型（是否上市、是否初创型、是否成熟型）的复杂性影响了股东参与企业经营的数量，因此给国内外相关研究带来了较大空间。

2.2.2　股权激励与股东股权比例

根据股权激励定义可知，股权激励的出现与企业决策、企业利润分享、企业风险承担密切相关。股权激励发挥效果受制于企业内部治理，哈特（Hart，1995）认为把公司内部治理看作一套系统决策机制，该机制能够对管理者的决策进行监督并展开内部控制。学术界开始关注企业内外部因素，如股权结构、董事会治理和环境不确定性等对股权激励的影响。

苏坤（2015）和叶陈刚等（2015）认为对高管进行股权激励能增加其风险承担，但其对风险承担情况受高管个人风险偏好影响。由于企业治理环境的特殊性，高管个人风险偏好能够影响股权激励机制的效果。由企业治理环境可知，企业内部主要参与股权激励的主体有董事会、大股东、首席执行官（CEO）等，当它们以股东身份参与企业发展管理时，股东持有股份的多少，股东间持股的结构将直接影响其在企业的地位。因此，企业中参与经营的股东持股多少即持股情况。

1. 董事会

董事会的职能是建立在董事会结构之上的。战略决策职能、监督经理人职能等都依赖于董事会结构的呈现方式，因此，不同的董事会结构影响企业治理机制的效果。学术界认为董事会结构的特征主要包括以下三点：第一，领导结构。董事长与经理人职位如何设置，即合二为一或两两分离，是领导结构重要表现。第二，独立董事制度。为了防止股东和管理层的内部控制，损害企业整体利益，现代企业治理中引入独立董事制度。独立董事制度与控股股东构成权力制衡，加强对经理人的监督，是企业治理中的一个重要组成部分。第三，董事会人数。董事会人数是董事会结构的重要特征之一。董事会人数的多少将对董事会的决策效率产生影响。

2. 大股东

在企业股权结构中，拥有半数以上的有表决权的股东即大股东（绝对控股股东）。在股权结构中，股东持股未达到半数以上的相对控股股东也可能有效地控制董事会，改变经营行为，因此，企业中所提到的大股东不完全是绝对控股股东，还可能是相对控股股东，即不再单纯强调比例，企业的控制权将作为表明身份的标准。从利润收益的角度来看，所有股东都关心企业的收益，由于大股东投入的资本相比其他股东更多，其更有动机关注投入的回报。在企业治理机制不完善、投资者保护体系比较弱的新兴市国家的企业中均存在一个大股东绝对控制，有绝对控制权的大股东拥有足够权力掌管公司事务，影响企业的决策过程。学者们还发现大股东通过占有其他股东的利益来保障自己，但大股东的存在也能会对企业价值的增加产生正向效应。随着企业股东股权比例的变化，大股东会更关心企业的长期收益，有强烈的动机去收集信息、监督管理层实现对企业的控制。从股东股权比例变化的情况来说，各股东追求的最终目标是控制权，大股东对企业经营和决策的控制更凸显。

3. 首席执行官（CEO）

现有的"董事会决策、经理层执行"治理模式已不能快速满足决策的需求。由于信息传递障碍、决策成本的增加，已经严重影响了董事会和经理层的沟通，从而无法实现对重大决策的快速反应。为了让经理人拥有更多决策控制权，让经理人为了改变股份数量而奋斗的股权代言人——CEO 出现了。

综上可知，成熟公司的董事会主要是由股东（大股东）、CEO 等组成。在公司治理的结构中与股权激励直接相关的主体有股东、大股东与 CEO 等，它们在公司中的股权比例情况将影响公司发展与业绩。

2.2.3　股东股权比例的内涵

科技型企业（初创期）股东股权比例的分配是企业必须面对的问题，因为股东持有股份的数量至关重要，其股份数额大多情况下是与股东间按照契约而约定的，同时与股东的利益关系、所承担责任也是一致的，股权比例源于股权激励理论。综上所述，将上市公司股权结构的部分情况"移植"到初创期的科技型企业中。与上市公司股权结构有所不同，上市公司的股权结构是指当公司中股东类型较多时（大于 3 种类型），由于持股数目不同出现股份搭配不同，从而改变股东经营行为。在初创期的科技型企业中主要包括两类股东［即投资方（投资者）股东和科技方（技术研发团队）股东］，两类股东基于出资占有的表决权（分红权）等相关股东权利的份额一般以百分数表示，即股东股权比例。在科技型企业中投资方（投资者）股东以出资额入股、科技方（技术研发团队）股东以技术研发替代出资额入股，双方根据初期契约确定股份份额并行使初期股东权利。科技型企业的股东股权比例分析如图2－2所示。

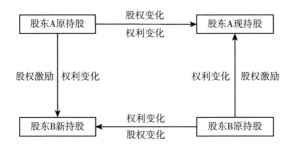

图2－2　科技型企业股东股权比例分析示意图

资料来源：笔者绘制。

2.3　分时权变的理论基础

2.3.1　未重视"时间"的组织理论

1. 以"控制"为主导思想

从现有的文献中发现，大多数的相关研究是从组织理论的发展历程来开展研究分析的。组织理论主要分成三类：第一，古典组织理论，其代表人物有亚当·斯密的《国富论》、弗雷德里克·泰罗的科学管理理论、亨利·法约尔的一般管理理论（林志扬，2002；方统法，2003）；第二，行为科学组织理论（新古典主义组织理论），其代表人物有赫伯特·西蒙的行政行为理论、马斯洛的需求层次理论、麦格雷戈的 X—Y 理论等（张长立，2003）；第三，现代组织理论，其代表人物有彼得·德鲁克的经验主义学派理论、卢桑斯、菲德勒与豪斯的权变理论、格林纳的组织生命周期理论（郭岭，2004），见表 2 - 2。以上三类组织理论都是以"控制"为主导的管理思想，这些理论一直是企业经营实践与应用的"指南针"，更是国内外学者研究组织理论的奠基石与基础。

表 2 - 2　　　　　　　　　组织理论及主导思想总结表（一）

分类	代表人物	主要理论		主导思想	是否已考虑"时间"作为影响组织管理的因素
古典组织理论	亚当·斯密	《国富论》中提出的"劳动分工"原则		控制、管理	否
	弗雷德里克·泰罗等人	科学管理理论		控制、管理	否
	亨利·法约尔等人	一般管理理论		控制、管理	否
	马克斯·韦伯	官僚制管理理论		控制、管理	否
行为科学组织理论	梅奥等主持的霍桑实验	人际关系理论		控制、管理	否
	切斯特·巴纳德	均衡理论		控制、管理	否
	赫伯特·西蒙	行政行为理论		控制、管理	否
	马斯洛	激励理论	需求层次理论	控制、管理	否
	赫茨伯格		双因素理论	控制、管理	否
	麦克莱兰		激励需求理论	控制、管理	否
	麦格雷戈		X—Y 理论	控制、管理	否
	波特、劳勒		波特 - 劳勒模式	控制、管理	否
现代组织理论	巴纳德	社会系统学派理论		控制、管理	否
	赫伯特·西蒙	决策学派理论		控制、管理	否
	彼得·德鲁克	经验主义学派理论		控制、管理	否
	伯恩斯与史托克	机械的组织与有机的组织理论		控制、管理	否
	霍曼斯	系统论应用于组织管理		控制、管理	否
	利克特	"交叠群体"组织理论		控制、管理	否

资料来源：笔者整理。

由表 2 - 2 可知，三类组织理论学派在对企业组织进行深入研究时大多考察了组织中的单个因素、多个因素对组织结构的影响。借用拓扑结构图①中的点来代替组织中的因素，即以上学派的组织理论研究大多可归纳为点对点、点对面（多点可以组成面）的二维静态研究，如图 2 - 3 所示。少有学者直接涉及"时间"这一因素，并将其引入组织研究中进行组织治理的多维动态研究。

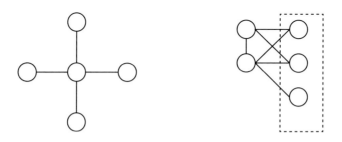

图 2 - 3　组织管理理论研究的拓扑图（一）

资料来源：笔者绘制。

2. 以"治理"为主导思想

20 世纪 90 年代，以科斯的产权理论、伯利·米恩斯的委托代理理论、弗里曼的利益相关者理论等为代表的组织理论主要突出了"治理、制衡"的主导思想，即将组织管理的研究从"纵向控制"转为"横向治理"（刘有贵和蒋年云，2006；徐颖，2004；李洋和王辉，2004），见表 2 - 3。由表 2 - 3 可知，组织治理理论已经考虑到组织中因素与因素、组织与组织之间相互制约的关系。同样，借用拓扑结构图的点来代替组织中的因素，已有的研究成果大多可归纳为点对点、面对面互动式（互联式）研究，如图 2 - 4 所示。虽然

---

　　① 拓扑结构是引用拓扑学中研究与大小、形状无关的点、线关联的方法。把组织中的各因素抽象为一个点，把因素之间的影响关系抽象为一条线，由点和线组成的几何图形就是组织拓扑结构图。

已有的组织理论已将管理思想从"纵向控制"转向为"横向治理"，但其仍并未将"时间"这一具体要素融入治理结构中进一步开展组织动态研究。

表 2 - 3　　　　　　　组织治理理论及主导思想总结表（二）

代表人物	主要理论	主导思想	是否考虑将"时间"作为影响组织治理的因素
科斯	产权理论	制衡、治理	否
泰腾郎、马丁、帕克	超产权理论	制衡、治理	否
贝利、米恩斯、钱德勒	两权分离理论	制衡、治理	否
伯利、米恩斯	委托代理理论	制衡、治理	否
弗里曼	利益相关者理论	制衡、治理	否

资料来源：笔者整理。

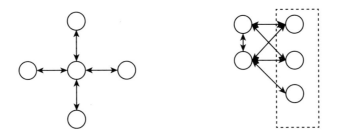

图 2 - 4　组织治理理论研究拓扑图（二）

资料来源：笔者绘制。

2.3.2　引入"时间 + 权变"的组织理论

通过对上述经典组织（治理）理论的述评可知，虽然组织（治理）理论已逐渐从"控制→治理"，但一些经典理论仍然指导着企业的实践与管理，值得研究者细细探索，例如权变理论认为每个组织的内部环境和外在环境均不相同，在经营活动中不存在适用于任何环境的原则和方法,即在经营实践中要根据所处的环境随机应变(陈寒松和张文玺,2010)。在经营管理中需针对不同的内外部环境寻求不同的管理模式(沈正宁和林嵩,2008)。科斯认为,经济社会中存在两种不同的组织,即市场和企业。当比市场交易费用更低的组织出现时企业出现,所以交易费用的差别是企业出现的原因(吴易风,2007)。实际上科斯已经注意到,在企业产权边界清晰的条件下,运用价格机制可以减少企业间的摩擦,交易费用变低。因此,交易费用成为产权理论的重要研究范畴。两权分离理论,主要是指资本所有权和资本运作权的分离(严集,2013),即所有者拥有的资产不是自己管理运作,而是委托管理者完成管理运作任务。组织类型不同,两权分离的情况也有不同。对国有企业而言,国家是一个特殊而抽象的概念,只能采取委托专人进行经营与管理,综上所述,权变理论、产权理论、两权分离理论均是现代西方组织理论的重要构成部分。

无论是一般组织理论,还是西方现代组织理论,均强调需按照组织所处的环境来设定组织结构,但其本质上都只体现静态观和超时空意义上的部分动态观。从完全动态演进的角度来看,在企业创立、成长、成熟、衰退的不同阶段,其组织治理的模式是存在一定差异的。例如两权分离理论认为,在初始创业阶段,企业往往采取所有权和控制权高度合一的形式,这样的治理模式能有效降低代理成本。随着企业规模的扩大和市场的拓展,企业需优化资源,与其他资源优势企业分享控制权,就意味着原有治理模式的将被更新其至迭代。企业实践经营在外部环境的影响下不断发生变化,这启示着研究者能在权变理论、产权理论、两权分离理论中提炼各自的特点,从环境动态变化的角度出发,以实现快速发展为目的,将组织环境中的"时间(时机)""权利""收益"等要素纳入创新治理理论分析范畴,见表2-4。将时间、收益与权利的变化考虑在研究问题中，这样就有可能总结当下管理实践创新营业活动并提炼出创新观点，从而丰富现有的组织治理理论并指导企业管理实践。

表2－4 与现有管理理论的比较与辨析

理论或思想	权利安排	设计目的	代表观点	管理特征	提炼点	本书
权变理论	应具体情境而变化手段	随机制宜有效应变	结果能替手段辩护	具体问题具体对策	时间（时机）	—
产权理论	按照劳动分工	制定运行制度	对交易费用的管理	交易费用管理企业	交易费用即收益问题	—
两权分离理论	所有权与控制权分离	制定机制运行制度	生产资料所有制的权能归结为所有权和经营权	权利从统一到分离	控制权	—
分时权变构想	按照时间序列分配权利	实现创新激励（智力）	研究空白	分期约定纵（横）制衡	控制权、收益权	创新治理理论

资料来源：笔者整理。

由表2－4可知，分时权变源自权变理论、产权理论、两权分离理论，但其观点的具体内容组成、观点的核心思想仍处于研究的空白领域，下面将从典型案例的实践经营中进一步探索。

2.3.3 分时权变的出现

邱国栋和黄睿（2015）对国内外组织典型经营现象进行分析后进一步进行了归纳，见表2－5。由表2－5可知，分时权变已蕴含在多种不同组织形态的实践经营中。遵循理论形成的逻辑，他们提出分时权变是一种蕴藏在现实典型组织形态中的组织治理机制。

表 2 - 5   分时权变蕴含在管理实践中

管理实践	主题	表征	契约方式	归纳与提炼		概念化
				时间性	权变性	
时权酒店经营模式	"分时度假"	按时间分割房屋或公寓以及公共配套设施的使用权,一次性出售时权(期限10~40年)	显性契约	每年按周次或时段确定使用权(狭义分时)	时权设置使同一资产每年不同时期使用权归属不同,以降低空置率与保证持久盈利性	权利按时间分割,即分时权变
国内首例科技型企业(1999年,清华大学学生创办的视美乐公司)	有限合伙制	以初试"风险锁定"与后试"收益放大"激励风投进入,以投入较少但股东股权比例较大(初试阶段)激励科技方	显性契约	从研发到上市的不同阶段(狭义分时)	科技方与投资方(智力与资本整合)的权变约定,以保证合作伙伴创新的积极性和双方利益公平化	
"晋商"治理模式	治理结构雏形	坚持两权分离:"财东"信任"掌柜"	隐性契约	东家"静候账期",即账期不同体现时间段不同(广义分时)	采取"管两头放中间"方式,权利不一,符合德鲁克目标管理的激励原理	
日本下包制(认可图方式)*	合作创新治理	大企业允许下包厂对计划方案有"二次创作"权利,发挥小企业专业化优势	显性契约	在下包环节,即同一产品在发包厂与下包厂(广义分时)创作不同	建立权变方式的合作机制,实现以创新为目标的差别优势非隔离而协同	
企业治理问题(特别是中国情境)	并非合规运作	缺乏垂直制衡,遗忘或忽略公司制度的设计思想	隐性契约	是否按时间分配权利	权利垂直(等级与时间)分割,而非强调传统理论的按职能分配权利	

注:*北京师范大学的孙川学者认为:日本企业系列的"认可图方式"是大企业下达下包厂的计划方案以下包厂认可为准,即可以再创新,目的是发挥合作厂家的专业化优势。

资料来源:笔者整理。

分时权变的出现是权利按时间（时机）分割思想实现组织动态治理的具体体现，是对权利分时制的进一步提炼。分时权变的运转将影响企业哪些因素呢？在企业中，分时权变特征的具体包含哪些内容、如何完成运行的呢？下面将对其继续展开研究。

2.3.4　分时权变的内涵

诺斯（North）说：在一定组织环境中需从制度上做出安排并确立所有权以便造成一种刺激，这种刺激将个人的经济努力变成私人收益率的活动①。根据他的意思可以推断，"需要在制度上做出安排"主要是指组织需要适应内外环境的变化，即通过制度设计来刺激所有权的变化从而适应环境的多变性。从"将个人的经济努力变成私人收益率"可以推断出，制度的设计还可能影响收益情况，即通过制定设计来刺激收益权（率）的变化来适应经济活动（环境）的变化。本部分以诺斯（North）的思想为视角，通过理论研究典型的经济组织形态特征，进一步提炼分时权变的内涵。

1. 分时权变的界定

大多数研究者对科技型企业的探索是从对风险投资展开的。据国内外相关文献可知，对风险投资的定义大体上可以分为广义和狭义两种②。广义的风险投资不仅包括投资于风险较大的技术型初创企业，还包括投资于风险相对较小的各类成熟型企业（袁泽沛和王琼，2002）。美国风险投资协会对风险投资的定义是：由职业金融家投入新

---

① ［美］道格拉斯·诺斯，罗伯特·托马斯. 西方世界的兴起：新经济史［M］. 厉以宁，等译. 北京：华夏出版社，1989.

② 广义的风险投资是指所有未作抵押担保或未抵押全部担保的具有较大风险形式的投资行为；狭义的风险投资是指对具有对新技术（新模式）的创业（创新）企业的投资。

兴的、迅速发展的、具有巨大潜力的企业中的一种权益资本（邱国栋，2003；张佳睿，2014）。从投资行为的角度来讲，欧洲风险投资协会的定义是：由专门的投资公司向具有巨大发展潜力的成长型、扩张型或潜力型的未上市企业提供资金支持（戴志敏，2004）。根据我国在《关于尽快发展我国风险投资事业的提案》中的提法：风险投资是把资金投向蕴藏着投资失败的高新技术及其产品的研究开发阶段，在促使高新技术成果尽快商品化、产业化中取得高额回报的投资行为（惠恩才，2015）。本书认为：在我国把风险投资约定俗成为创业投资，即投资方，投资方将资金融入科技型企业中，实现科技型企业高速发展，且投资将获得高额回报。由于科技型企业所涉及的领域为微电子技术、生物工程、计算机、空间技术、海洋技术、医药、新型材料、新能源等。在这些领域中技术研发是最关键的因素，即科技方。在科技型企业中，科技方是技术研发的代表，科技方与投资方在科技型企业中怎么"运转"，如何控制风险，最终使企业茁壮成长、投资回报产生共赢的，一直是国内外众多学者研究的焦点问题（刘怀珍，2004）。

在借鉴和模仿国外较为成熟的风险投资模式基础上，进行了第一次我国风险投资的尝试①。1999 年，在清华大学诞生了中国第一例完全按照硅谷风险投资方式运作的项目。清华大学的几位学生研发创业，他们的多媒体超大屏幕投影电视，是集光学、电子、机械等领域专利技术于一体的高科技成果，其设计思路与当时的国内外电视技术完全不同，从而注册成立了"视美乐科技发展有限公司"（以下简称"视美乐"）。开始时，他们只有 50 万元，但下一步中试需要 300 万元。通过清华兴业投资顾问公司的介入，促成视美乐与上海第一百货（以下简称"上一百"）的成功"联姻"。上一百（风险投资机构）在第一期（中试阶段）

---

① 全国首例风投案例前文归纳过，此处为详细分析。

投入了 250 万元，只占 20％ 股份。视美乐（科技型企业）在第一期中科技方收益权较大，控制权较小；风险投资机构收益权较小，控制权较大。上一百在第二期（中试完成后）投入 5000 万元，所占股份上升为 60％。尽管科技方投入仅占全部运营资本的 1/6，即仅投入现金 50 万元，但规定他们具有近 5/6 的收益权。上一百在前期最大风险为 250 万元，但在研制成功后，其收益权重上升。视美乐在第二期中科技方收益权较小，控制权较小；上一百收益权较大，控制权较大，见表 2 - 6、表 2 - 7。由表 2 - 6、表 2 - 7 我们可以看出，在科技型企业中代表风投资金的投资方、代表技术研发的科技方的控制权、收益权伴随着中试阶段（第一期）、中试完成后阶段（第二期）的变化而发生着权利（权益）的变化，即：由控制权、收益权随时机的变化构成了分时权变。基于此，通过对科技型企业的成长研究，让我们对科技方与投资方之间的治理逻辑有了进一步的了解，对分时权变的内涵有了较为明晰的认识。

表 2 - 6　　　　　　　　　　视美乐的控制权变化表

机构	第一期	第二期
投资方	较小	较大
科技方	较大	较小

资料来源：笔者整理。

表 2 - 7　　　　　　　　　　视美乐的收益权变化表

机构	第一期	第二期
投资方	较小	较大
科技方	较大	较小

资料来源：笔者整理。

综上所述，根据邱国栋和黄睿（2015）提出的分时权变[①]概念可知，分时权变既源自经典理论，又是对科技型企业实践经营的提炼。

---

① 分时权变源自：邱国栋，黄睿. 分时权变：蕴藏在管理实践中的组织治理与创新机制 [J]. 财经问题研究，2015 (7).

它将旅游学中"分时度假"对资源的控制权、收益权与权变理论、两权分离理论产权理论等的适权管理原则融合在一起，是一个跨界（学科）的概念。本书中分时权变有双重含义：第一，以解决科技型企业合作治理问题为角度，沿用了西方权变理论的含义，即当内在要素和外在环境条件都各不相同时，在管理活动中不存在适用于任何情景的原则和方法。第二，在科技型企业中以双方（科技方、投资方）契约为基础，在不同时间（时机）权利发生不同分配，即将控制权、收益权随时间（时机）发生切换，把控制权、收益权的大小（有无）视作为错时配比设计，是以第一重含义在科技型企业中的具体化设计与应用。分时权变的设计提出了一种全新管理思维，即不是按照职能、按照金额，而是按照时间（时机）动态分配权利。分时权变是科技型企业为了快速发展而不断探索组织内部资源的动力，是一种组织横向治理的方式。

2. 分时权变的特征

分时权变设计的成功运行除了与时间（时机）的要素相关外，离不开权利变化（权变）的情况，即怎么权变、如何权变、权变区间等问题，因此，分时权变的特征是需要进一步探索的问题。频率，是单位时间内完成周期性变化的次数，是描述周期运动频繁程度的量；振幅，是物体振动时离开平衡位置最大位移的绝对值；边界，一个国家的领土和未被占领的土地、一个国家的领土和公海以及国家领空和外层空间的想象的界线；精准度（准确度），每一次独立的测量之间，其平均值与已知的数据真值之间的差距。以上四个概念分别源自物理学、地理学、工程学。本部分将它们与权变（权变频率、权变振幅、权变边界、权变精准度）的特征进行融合（邱国栋和黄睿，2018），下面将对分时权变的量表展开扎根编码分析。由文献可知，国有企业的特殊性决定了资本所有权与资本运作权是分离的。但对非国有企业来讲，不同的企业组成的形式，两权分离的情况不同（关鑫和高闯，2014）。独资企业是自己出资自己经营管理，无两权分离；合伙企业是多人共同出资、共同经营，此时的两权是若即若离；公司制企业是若干人出资，并以其出资额承担有限责任，采用指派、委托或聘任专人管理、经营，两权完全分离（曾义和杨兴全，2014）。而科技型企业发展，以特定时间（时机）发生时将企业权利分离成控制权与收益权，股东（科技方股东、投资方股东）根据不同的持股情况获得控制权、收益权，为了激励对方，股东的控制权与收益权发生变化（以上四个特征）将作为一种创新激励，激励科技方股东不断技术研发创新、激励投资方不断投资，即"权利的切换→权变的特征→创新激励出现（大小）"，科技型企业中分时权变分析图，如图 2-5 所示。

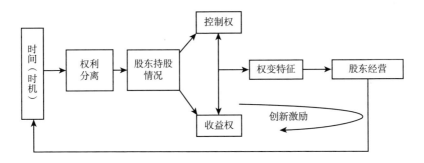

图 2-5　科技型企业分时权变分析图

资料来源：笔者绘制。

第 3 章　股东股权比例对合作
机制影响的理论研究

3.1　合作机制的基础性解析

由第 2 章理论分析可知，股东股权比例将影响合作机制。股东股权比例的具体指标有股东持股数目、股东持股结构，它们均与股东股权比例密切相关。企业中，不同股东因资源的差异而出现持有股份数目的不同，持股股东间因持股数目（股份）多少影响它们的合作机制，从而影响企业的发展。企业股东间合作机制的出现与股东股权比例有关系，股权比例与股东属性有密切关系，不同的股东属性决定了企业股东的股权比例，股东持有股份的不同构成了企业的股权结构。学术界关于股权比例的研究大多集中在分析上市（成熟型）企业的股东股权结构设计，以及对企业发展产生的效应或作用上。基于此，本部分首先分析现有的股权结构对企业合作机制的影响，其次对股东股权比例变化的原理进行解析，最后进一步研究科技型企业中股东股权比例对合作机制的影响。

3.1.1　关于合作机制研究的演变

1. 对合作机制的研究转向企业

合作一词意为共同从事，即个人、组织与群体之间相互协同，采取一致的行动，从而达到共同目标。但关于合作机制的研究，近些年大多出现在府际治理、国贸学、产业经济学、公共管理等领域。杨妍和孙涛（2009）认为，需要通过建立跨组织、跨地域、跨流域的合作机制来解决环境污染问题，而非仅由政府独立解决。也就是说，地方政府可以出台多方合作机制，整合相关资源，共同解决环境污染问题。孙迎春（2010）认为单纯采用撤并机构的方式处理交叉领域的社会问题，将导致大部门职能过度膨胀和领导协调任务不堪重负。因此，发展新的协调合作方式势在必行。在这种情况下，随着行政体制改革实践的发展，由政府部门主导的合作机制应运而生，在其建设和发展的过程中，世界发达国家的经验和做法值得我们总结与借鉴。于军（2015）认为，中国—中东欧国家合作以机制建设为基础，双方关系不断深化拓展，呈现出越来越旺盛的生命力和强大的吸引力。具体而言，在主体上，形成了政府主导、民间参与的模式；在内容上，形成了金融、教育、文化、贸易、投资、基础设施建设等多元化领域。陈明宝和陈平（2015）认为中国有必要与"一带一路"沿线国家共同探讨建立包括商品贸易、投资便利化、金融风险防范、经济发展互助、货币与汇率协调等方面在内的多种经济合作机制，推动区域经济合作的顺利开展。朱德米（2009）以太湖流域水污染防治为案例，从政策制定、执行和监督三个层次分析了跨部门合作机制的现状以及深化合作的政策建议。马莉莉（2012）的研究认为，金砖国家"以合作求发展、以发展促合作"是其必要的战略选择。也就是说，多方"合作机制"对于金砖国家的共同发展和密切联系具有深远而重要的意义。肖永英和谢欣（2015）对文化机构中的合作机制进行了研究，认为文化机构可在社区教育项目、设施共用与整合、文化遗产保护、政府信息公开以及数字化资源建设等方面展开合作，实现共赢。龚胜生等（2014）提出，为完善长江中游城市群合作机制，要抓紧编制长江中游城市群一体化发展规划，设置协调建设的专门机构，发挥非政府组织的主体作用，加快新型城镇化建设，加快推进一体化进程，完善法律制度保障。黄婷婷和鲁虹（2009）借助多 Agent 模型，对产学研合作机制进行建模与仿真研究，证实了在合作过程中，产学研作为合作主体的最优合作策略及企业作为合作主体的重要性和必要性。李林等（2010）基于产业集群的产学研战略联盟的三种形式及其对产业集群的作用，从充分发挥战略联盟本身的优越性、提升整个产业集群的竞争力的角度提出了包括分工机制、协调机制、信息沟通机制、文化整合机制、人才交流机制、利益分配机制的产学研战略联盟合作机制。唐鹏程和朱方明（2010）提出了一个趋于古典的企业本质论点，即将企业视为一种基于要素使用权交易的生产性合作组织，通过这种组织追求企业合作盈余的最大化，表现为一种协作生产性组织，其本质是一种创造和分享合作盈余的有效组织。其次，这种机制是一种要素使用权交易契约的联结，其目的在于追求企业交易成本的最小化。将合作机制的研究主体定在企业组织。

综上可知，关于合作机制的研究有学者从政府与政府（部门与部门）、政府与部门间展开，有学者从城市与城市的区域展开。但研究涉及的主体学者们从公共区域（政府、部门、城市）治理的视角扩大到了产学研组织（企业、科研机构）治理的视角。合作机制已经涉及的企业组织间的合作，见表 3 - 1。

表 3 -1　　　　　　　　　合作机制研究主体演变（一）

研究主题	涉及领域	代表研究
合作机制	政府（部门）间	杨妍和孙涛（2009）、孙迎春（2010）、于军（2015）、马莉莉（2012）
	国际贸易	陈明宝和陈平（2016）
	公共管理	肖永英和谢欣（2015）、朱德米（2009）、龚胜生等（2014）
	产业组织→企业组织	黄婷婷和鲁虹（2009）、李林等（2010）、唐鹏程和朱方明（2010）

资料来源：笔者根据文献整理。

2. 对企业合作机制的研究转向股东

张延龙（2019）以"资产收益扶贫"模式下的产业组织垂直解体过程为着眼点，结合信任困境的博弈分析，构建"企业＋合作社＋贫困户"产业组织模式下的合作机制及条件。玖兴案例的分析结果显示，"第三方参与＋企业监督权"（显性契约机制）、"重复博弈＋分配剩余控制权"（关系契约机制）和"经济行为嵌入社会网络＋声誉"（隐性社会契约机制）是减少企业信任困境的合作机制，可以促进"资产收益扶贫"模式下企业与合作社的合作发展。将企业构成的产业组织作为研究对象，合作机制的组成实际是对企业组织展开分析。李鑫和于辉（2019）探讨了合作机制下"帕累托改进"区间的存在性，揭示了合作机制对产品服务供应链效率的作用机理，其最重要的发现在于：供应链多元化组织结构加剧收益分配冲突，并导致服务规模与供应链效率"倒挂"现象，而合作机制下"双重收益共享"合作模式能提升产品服务供应链效率。以效率为视角，研究供应链上的企业组织合作模式。近些年，伴随国家对科技创新的重视，不少学者也对科技创新型企业展开了研究。张卫国（2014）提出股权结构的新构想，即股份合作企业仅设置职工股一种形式，并对职工股作普通与优先之区分。作为资本与劳动结合的企业形式，应当允许股东以劳动力入股，进而提出了职工可以劳动入股成为股东的新思想。徐鲲等（2019）利用演化博弈模型，探讨了在第三方中介平台的参与下商业银行与科技型企业的知识产权质押融资合作机制是如何建立的。

综上可知，只有当第三方中介平台能获得可观收益、银行能取得贷款风险担保以及企业信用风险较低时，第三者中介平台、银行、科技型企业分别以股东身份进行合作，这样的合作才是最稳定的状态。关于合作机制研究的主体已从由企业组成的产业组织聚焦到由股东组成的企业，见表 3 – 2。

表 3 – 2 　　　　　　　　　　合作机制研究主体演变（二）

研究主题	涉及主体	代表研究
合作机制	产业组织（供应链）企业间	张延龙（2019）、李鑫和于辉（2019）
	企业组织股东间	张卫国（2014）、徐鲲等（2019）

资料来源：笔者根据文献整理。

3.1.2　股东持股结构对合作机制的研究

根据合作机制的演进路径"其他领域→产业组织→企业组织→股东"，进一步分析股东组成的企业，可知股东主体属性的不同将影响股东持股情况。目前，企业股东股权结构的类型有集中型持股、制衡型持股两种情况。

1. 集中持股对合作机制的影响

股东集中持股对企业经营与发展产生了重要影响。近些年，国内外不少学者对此进行深入研究，刘丹和张兵（2018）利用 2012～2015 年的调查数据从理论与实证角度分析了股东持股结构对农村商业银行社会绩效和财务绩效的影响。他从股东持股集中度的视角，研究发现高管持股集中度越高，农村商业银行的财务绩效指标越优异；非金融法人持股集中度越高，越不利于农村商业银行实现良好的财务绩效和社会绩效；而国有股东持股集中度越高，农村商业银行的社会绩效表现越好。这说明农村商业银行中持股结构对其创新发展绩效有直接影响。由于合作发展实现的指标不同，合作的方式也不同，而合作的方式归结于持股结构的调整。张妍妍和李越秋（2018）以 2016～2017 年中国 A 股上市公司中 45 家上市公司的数据为样本，分析股权结构、多元化经营与经营绩效关系。他认为股东集中持股、流通股比例、主营业务行业构成和主营业务地区构成是农业上市公司经营绩效的主要影响因素，股东集中持股成为股东合作的参考指标。潘孝珍（2019）的研究表明，税收优惠对科技创新激励效应产生直接影响。具体地，他以股权结构为视角，在使用交互项的传统研究方法基础上应用面板数据门槛效应模型开展研究。他认为国有股比重、管理层持股比重和股东股权集中度的门槛值分别为 11.13%、17.78% 和 34.60%，当以上门槛变量处于不同的门槛区域时，税收优惠的科技创新激励效应将会出现较大差异。骞磊和焦高乐（2017）选取在 A 股上市的 11 家商业银行作为研究对象，运用 2008～2015 年面板数据进行分析，探索持股集中情况和股权性质两个角度以及商业银行营利性、流动性和安全性三类指标来考察股权结构对银行绩效的影响。他认为相对集中持股结构更有利于提高银行绩效，且这种效应并不是传统意义上的线性关系；民营企业控股型商业银行表现最为优异，而外资控股的商业银行并没有表现出预期的良好业绩。李从刚等（2017）以我国城市商业银行为研究样本，分析了制度环境和股权结构对经营绩效的影响。研究结果表明，股权制衡度与经营绩效正相关，股东集中持股与城市商业银行经营绩效呈负相关关系；制度环境能在一定程度上弱化城商业银行的代理成本和经营绩效之间的负向关系，能够显著降低股权集中度对第

2 类代理成本的影响；与非国有城市商业银行相比，在国有商业银行中，制度环境可以更为有效地制约股东集中持股对代理成本的影响。根据商业银行持股主体属性的不同，在制度环境、经营绩效两个指标上持股情况是集中的还是制衡的还不能完全统一确定，银行中股东的合作也并非一成不变。黄方亮等（2018）以 H 股及 A 股上市公司为研究样本，从投资者保护视角分别从宏观与微观层面检验上市公司持股结构对公司绩效的影响。他认为考虑内生性，持股集中度时，股东间合作创新较低对公司绩效具有显著正向影响；考虑动态性后，股东间合作创新较高，股权比例变化对当期绩效的影响有所减弱；除了持股集中度对公司绩效有正向促进以外，其他股东，如控股股东为国有股东持股时，对公司绩效的影响更大。胜兰（Shenglan，2018）根据已有文献证明了卖空对经理人的惩戒作用，但没有研究分析卖空如何降低控股大股东的代理成本，认为对于股东集中持股和破产风险较高的公司，惩戒效应更为明显，当替代治理机制到位时，惩戒效应就会减弱。研究发现，企业股东集中持股不一定能有效促进股东对企业持续发展做积极贡献，不少学者开始关注股东制衡持股对企业发展的影响。

2. 制衡持股对合作机制的影响

股东制衡持股对企业经营与发展也产生了重要影响。近些年，国内外不少学者对此进行了深入研究，冯宝军等（2017）以 2010～2014年中国主板上市家族企业为样本，从家族控制权这一视角考察了外部股东性质对股权制衡治理作用的影响。他认为，随着家族控制权的增加，家族控股股东的"掏空"程度会显著降低，显示其强烈的"企业主"意识，此时非控股股东在家族控制权处于［10%，30%）时制衡效果最好；随着家族控制权的变化，不同性质的外部股东在抑制家族控股股东"掏空"行为的有效性方面存在显著差异：在［10%，30%）控制权内，民营企业的制衡效果最好；在［30%，50%）控制权内，国家股东与机构投资者的制衡效果最强；在［50%，100%）控制权内，民营企业可以借助外部治理环境有效抑制家族股东的"掏空"行为。以上的控制权区间说明控制权并非一成不变的，家族企业开始运用制衡持股来治理企业中股东间的合作。曹玉平和徐宏亮（2019）在持股结构影响公司经营行为和绩效的理论指导下，理论分析了国有股东与其他股东通过银行家配置、复活投机行为、创造性破坏效应来影响商业银行非利息业务发展的内在机制。他认为商业银行中非利息业务发展这一指标会对股东合作创新有影响，国有股东股权比例越高非利息业务发展越滞后，而国有股东持股越低其非利息业务发展越优先。因此，在商业银行中，股东持股结构对其快速发展有影响。具体来说，股东的持股情况影响了股东间合作创新，但商业银行为了实现各种快速发展指标，利用持股结构的变化完成股东合作创新，如国有股东与第一大股东之间的有效制衡。张栓兴等（2017）以 2011 ~ 2015 年创业板科技型上市公司的数据为研究样本，研究了股权结构对研发投入与企业成长性关系的调节作用，他的研究表明：（1）第一大股东股权比例的变化对研发投入与企业成长性具有负调节效应，"一股独大"阻碍企业创新研发成果转化；（2）前五大股东股权比例之和显著正向调节研发投入与企业成长性的关系；（3）股权制衡对研发投入与成长性关系具有显著正向调节作用。科技型上市企业同样存在第一大股东持股的情况，第一大股东持股将对科技型企业股东间合作产生影响，因此，持股制衡设计可避免"一股独大"对企业成长的影响。向仙虹和孙慧（2017）以 2011 ~ 2015 年 663 家家族企业为研究对象，分析家族企业股权结构对企业价值的影响。他认为企业价值与第一大股东股权比例呈倒"N"型非线性三次函数关系，最优股权为20% ~ 25%；但在不同类型的家族企业中，第一大股东股权比例对企业价值的影响各异；企业价值与股权制衡度呈显著负相关关系。家族企业的第一大股东股权比例与企业价值呈倒"N"型关系，倒"N"型关系的形成是因为股东间的合作是变化的。

3. 两种持股对合作机制的影响

不同行业的企业股东类型较为复杂，为了促进企业发展，不少企业开始将集中持股、制衡持股同时运用在企业经营管理中。近些年，不少学者对企业两种持股共生的情况展开了研究。黄晓波等（2017）以中国非金融上市公司为研究对象，分析股权结构、不确定性与现金持有异象的关系。他认为高额现金持有现象普遍存在；在职消费和代理成本都与现金持有量显著正相关。集中持股、制衡持股都与现金持有量之间存在显著的倒"U"型关系；营利能力与现金持有量显著正相关；经营活动和财务活动的不确定性都与现金持有量显著负相关；负债融资与现金持有量显著负相关。徐志武（2019）以出版业上市企业为研究对象，探究其股权结构与社会责任关系。他认为股权集中、国有控股、流通股比例对社会责任绩效具有显著正向影响；股权制衡对社会责任绩效具有显著负向影响；机构投资者股权比例对社会责任绩效没有明显影响。在出版业的上市企业中，社会责任是企业发展的衡量标准，在社会责任绩效中存在集中持股与制衡持股转变的情况。李士梅和李强（2019）以 2012～2017 年中国 A 股装备制造业上市公司数据为研究对象，探索股权结构、产权性质与企业发展之间的关系。他认为股东集中持股对企业绩效有显著的产权差异影响；股权集中度对企业绩效的激励效应在国有产权中表现出弱化作用，并没有发挥出优势；制衡持股对企业绩效不受产权性质的影响。进一步分组样本回归结果显示，股权结构对国有与非国有装备制造企业绩效都呈现出显著的激励效应，只有制衡持股对国有装备制造企业成长的影响表现为显著的正向效应。在装备制造业上市公司中公司发展绩效与企业产权性质有关，但股权结构的设计可以调节它们之间的关系，即为了促进公司绩效提升，集中持股、制衡持股在装备制造业上市公司中存在转变的情况。吴闻潭和曹宝明（2018）以2011～2015年33家中国粮油加工业上市公司的面板数据为研究对象，利用随机效应模型分析多元化经营与股权结构之间的关系，研究表明集中持股公司与经营绩效呈线性正相关，但是公司经营绩效与制衡持股呈显著的负相关；分两种情况：一是只考虑集中持股一个指标时，多元化经营对公司经营绩效为负相关；二是当考虑集中度持股与制衡持股两个指标后，多元化经营对公司的绩效影响为正相关。

在粮食加工业的上市公司中，多元化经营对公司绩效的影响与持股情况有关。张玉娟和汤湘希（2018）在国有企业、民营企业中探索了股权结构、高管激励与企业创新三者之间的关系，他认为民营企业比国有企业进行的研发创新活动多；在民营企业中集中持股对企业创新的抑制作用更为显著，在国有企业中制衡持股对企业创新的促进作用更为显著；高管股权激励更能促进国有企业进行创新，高管薪酬激励更能促进民营企业进行创新；进一步考察外部环境对研究结果的影响后发现，良好的市场化环境是企业技术研发的重要推动力量。在国有企业、民营企业中集中持股、制衡持股对企业创新的影响不同。王欣和韩宝山（2018）基于中国上市公司数据实证研究混合所有制企业股权结构与公司绩效的关系。他认为股东集中持股与公司绩效存在倒"U"型关系，适度集中持股结构、多个大股东之间的制衡持股均有利于绩效改善，相比较而言，异质股东持股比同质股东制衡持股对绩效改善的帮助大，而第一大股东性质对股权结构与公司绩效的关系具有显著的调节作用。应当防止股权过于集中或过于分散；应在大股东间形成有效的持股制衡关系。刘诚达（2019）的研究表明，多个异质大股东并存的股权构成对公司治理和绩效有着重要的影响，他以2011～2016年上市的国有竞争类公司为样本，研究了混合所有制企业大股东构成对企业绩效的影响。他认为非国有大股东集中持股、制衡持股对企业绩效的影响都存在双重门槛效应且从正到负地递减，混改能促进改善大部分国有企业的绩效，但提升持股集中度和持股制衡度会对于较大规模的国有企业绩效产生不利影响。两种持股结构如何选择才能最快适应企业发展（经营）呢？学者们做了进一步研究。徐向艺等（2018）以动态资本结构和公司治理为理论基础，采用 2003～2015 年电力行业上市公司面板数据，检验了股权结构安排对资本结构动态调整的影响。研究表明，对于电力行业，控股股东股权比例变化、股东制衡持股、管理层持股与资本结构调整速度正相关，但是控股股东股权比例变化与资本结构调整呈倒"U"型关系。在电力行业的上市公司中，资本结构动态调整引发公司股权结构的调整，控股股东股权比例、管理层股权比例等变化使股权结构发生变化，进而使股东股权比例变化引发集中持股、制衡持股的转变，倒"U"型关系也再次求证了这个结果。舒谦（2018）分析了国有上市公司股权结构因素作为调节变量对研发投入与经营绩效关系的影响。研究表明，集中持股和机构股权比例变化对研发投入带来的经营绩效具有正向调节效应且调节效应也随着公司绩效由低点向高点变动后开始下降；具有国企性质的制衡持股和实际控股人对研发投入带来的经营绩效提升有显著的负调节效应；高管股权比例变化对研发投入的经济效应无显著影响，但在一些情况下呈负相关。坚瑞和戴春晓（2019）以符合条件的 556 家我国家族控股型上市公司 2011～2014 年数据为样本，利用股权集中度、股权制衡度、两权分离度、管理层股权比例等股权结构四个变量研究了其对社会责任信息披露质量的影响。他认为与一般意义上的公众上市公司相比，股东集中持股高的家族控股型上市公司，其社会责任信息披露质量更低；股东制衡持股高的家族控股型上市公司，其社会责任信息披露质量水平更高；两权分离度高的家族上市公司，其社会责任信息披露质量更低；管理层股权比例变化对社会责任信息披露质量的影响不显著。从社会责任信息披露质量的指标来研究家族控股型上市公司的股权结构，集中持股、制衡持股随社会责任信息披露质量的高低而发生转变。

综上可知，股东股权比例的变化为研究企业股东间合作提供了新视角。由以上研究成果分析可知，无论是集中持股、制衡持股，还是两种（联合）持股，在不同企业组织中其均对股东合作机制产生了影响。为了保证企业持续发展（经营）中各项指标的完成，不同企业将采用不同的持股情况（持股结构→股东股权比例）来完成治理效果，其分析如图 3 − 1 所示。

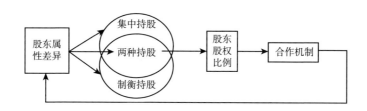

图 3 − 1　股东持股情况分析示意图

资料来源：笔者绘制。

3.2　股东股权比例变化的原理解析

3.2.1　股东股权比例变化的相关研究

1. 国有股东与其他股东之间持股情况

在我国企业的股东类型中国有股东扮演了重要角色，其持股情况将对其他股东带来影响。董梅生和洪功翔（2017）对 1998 ~ 2007 年

5960 家混合所有制企业的数据进行分析。研究表明，在混合所有制改革时，对于垄断程度高的行业应该提高国有股东持股情况至最优水平，使国家拥有对企业的绝对控股权；对于竞争性强的行业，由混合双方在遵循市场规律的情况下双方自主选择股权比例，而无须实行国有股全部从竞争性领域推出的政策，因为此时国有股比重与企业绩效的关系为正相关。在混合所有制企业改革的研究中提出"绝对控股权"，进一步说明持权结构设计是需重点关注的，而股东绝对控股权变化将影响企业改革。李群和刘俊峰（2018）对 2016 年的城市商业银行截面数据进行统计分析，总结归纳了中国城市商业银行持股结构的现状与特征，他认为中国城市商业银行股东持股情况整体以高度分散型为主，按照股东股权比例大小来看，国有股东（前十大股东）基本控股、不同股东持股情况对商业持股结构有影响。王益民和方宏（2018）关注到中国企业国际化过程中体现的"加速"和"跳跃"背后管理者的决策逻辑，其背后的理论基础是基于高阶梯队和行为金融理论，讨论了内部持股情况和外部国际化压力的双重情景下，高管过度自信对中国企业对外直接投资速度和节奏等国际化动态过程特征的影响。研究结果表明，高管过度自信与国际化速度与节奏之间存在显著的正相关关系。朱巧玲和龙靓（2018）的研究以 2011 年前 A 股上市的 1889 家公司为样本，研究了上市公司的实际控制人情况的变动和趋势，给国有企业混改的方向提供了相关参考和依据。他认为，上市公司中第一类实际控制人为"国有股东"的股权比例均值要明显高于第二类实际控制人为"私有股东"的股权比例均值，而且第一类的实际控制人的股权比例呈现上升趋势。在股权比例变化中，推进国企改革。陈林等（2019）利用精确断点回归方法探索了混合所有制企业的终极控制权性质及控制地位突变对企业创新的动态影响。对于混合所有制企业，国有股东的终极控制权在平均意义上对企业创新不具有显著影响。对于混合所有制企业的国有股东持股结构，其终极控制地位的强化并不能进一步激励企业的创新行为。钱红光和刘岩（2019）以 2011～2016 年 240 家中国中央企业上市公司为研究对象，分析了混合所有制对企业绩效的影响，以及混合所有制企业股东股权比例不同时对企业绩效的影响。他认为在中央企业上市公司中（国有股东控股）混合所有制企业的绩效显著优于非混合所有制企业；混合所有制企业的股权混合度与企业绩效呈显著正相关关系。股权比例的变化情况源自混合所有制企业中股权的混合情况。

综上可知，企业中存在国有股东与其他股东类型时，以上研究成果中出现了"绝对控股权""基本控股""实际控制人""终极控制权""国有股东控股"等词汇，当企业股东股权比例发生变化时，国有股东比其他股东对企业控制权的关注度更高。

2. 无国有股东的股东持股情况

对于那些无国有股东的企业，其股东的持股情况同样受到了学者们的关注。张俊丽等（2018）以 23 家 A 股旅游业上市公司为研究样本，以股东亲密度为调节变量，进一步讨论了持股结构对公司成长性的影响，并检验了股东亲密度对二者关系的调节作用。他认为我国旅游业上市公司第一大股东股权比例变化对成长性的负面影响显著且随着股东亲密度加深，集中持股对成长性的负面影响增强；第二至第五大股东、第二至第十大股东发挥了显著的制衡作用，股东亲密度并未影响大股东制衡效应；在旅游业的上市公司中，股东亲密度对股权比例有直接影响。景奎等（2019）以 2007～2018 年 2687 家沪、深 A 股上市公司为样本，研究了产融结合对公司投资效率的影响及其路径，从持股情况切入，探究不同公司治理环境下产融结合对投资效率影响的差异。当为了共同的发展目标和整体效益，不同股东通过参股、持股、控股和人事参与等方式进入公司时，股东股权比例变化使持股成分发生变化。当企业中出现金融股东持股增加的情况时，产融结合能够减少公司的非效率投资，其对公司的主要作用是减少投资不足而非促使过度投资。

综上可知，当企业的股东中无国有股东时，非国有股东持股的方式更灵活，股东持股情况变化将促进企业发展中各项指标的完成，而企业的控制权是处于"游离"状态的，控制权作为一种资源为企业经营（发展）服务，即股东股权比例的变化影响股东获得企业控制权，不同股东为了获得企业控制权而改变持股情况。

3.2.2　持股增加的动因分析

股东按照属性可分为国有（政府）股东、私人股东、员工股东、投资股东、CEO 股东、技术股东等；按照股权比例的大小可分为第一大股东、第二大股东……前十大股东、小股东。本书将股东属性与股权比例融合在一起分析可知，企业为了实现快速发展，不同属性的股东根据股权比例变化在企业经营中获得了控制权，当股权比例达到绝对数额时该股东就拥有了绝对控制权，其他股东则拥有相对控制权。当绝对控制权出现后，企业的大股东在缺乏有效的监管时就容易出现"掏空"现象，为了防止该现象出现，股东将股权比例进行调整，即股东通过股权比例的调整完成控制权转移。通过分红等来激发股东对收益管理的关注，即从关注控制权到关注收益权。下面将对股东股权比例变化的动因展开分析。

1. 对公司的控制

伯利和米恩斯（Berle & Means，1932）提出控制权结构理论，其内涵是：当公司发展到一定阶段，公司的控制权和所有权表现出不同的特征，公司的控制权来源于股东的所有权。在正常情况下，公司的控制权能够正常运行，其结果是为所有权股东带来更大的利益。然而，现实是在公司的实际运营中，争取公司控制权的斗争从未停止过，公司的任何决策都是各方为追求利益最大化而博弈的结果。作为股东或者董事则代表了自己所持有股份的利益，期望其能价值最大化，那么在公司的日常运营和决策过程中则出现了不同的发展理念和决策策略，这不可避免地会损害其他股东的利益，其结果必然影响公司的长远发展。但是在美国或者欧洲，很多上市公司的股权相对集中，大公司都只有一个股东起主导作用，能有效避免股东之间为争夺控制权而发生的斗争。戴克和津盖尔（Dyck & Zingale，2004）的研究表明，当大股东处于控股地位，公司处于一种相对"稳定"的状态时，能够获得比他股东持有股票价格更高的超额收益。在我国，在推行股权分置改革制度的国有资本之前，股票都是由上海和深圳的大部分上市公司非流通大股东控制的，但是由他们控制的股票不能在市场上自由流通，只有小股东持有的股票才可以上市流通。

综上可知，上述制度带来的缺陷异常明显，那就是相同的股票具有不同的利益分配，大股东和其他小股东由于利益问题处于对立面，其结果就是大股东利用控制权在满足自身利益的同时损害了其他中小股东的利益。当然，在股权分置改革后，同一家上市公司可能同时拥有限售股份和流通股，面临的新问题就是由解除限制股份禁令和减少持有量引起的市场波动。因此，对于非上市的股份公司，通过增持股份获得公司控制权是股东最渴望的。

2. 增加公司价值

当股市处于"失控"的情形，管理者的理性思维会依据市场的趋势来选择持股的策略。具体而言，当更多投资者都看好公司股价的情况下，理性的管理者会根据市场的动态需求及时增发新股票，反之，当股市长期低迷时，理性的管理者对低价股进行回购，上述这样的操作，是增加公司价值的途径之一。通过市场择时假说可以较好地解释大股东增持股票现象，就是说当股市低迷，公司的实际控制者会在某一合适点位回购一些股票，用更低成本获得更多的控制权。格鲁伦和迈克利（Grullon & Michaely，2004）提出的价值低估假说也同样指出，大股东作为公司的最大投资者，熟知公司的发展战略和实际经营状况，当他们认为公司的市值与公司的价值背离时，他们就会回购股票，反之减持股票。与股票回购原理相似，麦克纳利（Mcnally，1999）的研究指出，当公司发布大股东增持股票的消息后，股票价格会随着持股比例增加而增加，给大股东带来高额收益。孙鑫（2011）以2010年1月至2011年6月的44家上市公司数据为样本，对大股东增持二级市场股票的短期行为进行了研究，发现当大股东增持股票时，股价就会上涨，投资者也会取得超额利润。林娜（2011）从单因素和多因素等角度对公司的增持行为进行了研究，发现短期内增持公告会引起市场比较积极的反应，公司的所有权对增持效应具有显著的影响。

综上可知，一方面，当大股东判断股价背离公司价值时，通过增持的方式，分享公司股价升值而带来的收益；另一方面，当公司股价缩水时，公司的声誉会受到影响，公司财富缩水，大股东有动力去增持公司股票。熟悉公司运营状况的大股东，通过各种各样的方式，使公司价值增值。

3.2.3 持股减持的动因分析

1. 防止企业被"掏空"

被"掏空"一直是上市公司重大的安全隐患。近几年，不少学者对这一现象展开了深入研究，李凤和董艳（2017）探讨了股东私有利益和股权结构对海外上市决策的影响。他们认为控股股东的现金流权对企业海外上市决策的影响呈正"U"型。控制股东在国内上市实施

"隧道行为"获得的额外收益更多，并随现金流的增加而增加，海外上市动机减弱；当现金流权达到一定水平后，控制股东能够从企业海外上市价值增长中分享更多的现金流收益，而私有收益却在减弱，导致海外上市动机逐渐增强。现金流权源自股东通过持股股份的减少来保障股东的损失，即现金流权变化→持股股份减少→避免"掏空"。陈玉罡等（2017）以 2004~2009 年发生收购的目标公司为样本，以 2007 年为分割点，研究了控制权市场制度变革后上市公司的公司治理和并购绩效的变化。他认为制度变革后，上市公司的集中持股、股权比例、控制权、两权分离度显著下降，公司治理水平提高；目标公司的掏空程度显著下降，绩效得到显著提升。控制权市场的制度变革有利于改善公司治理、降低"掏空"行为并提升公司绩效。以市场控制权为切入点，认为集中持股与公司治理水平成反比，当控制权转移制衡持股，可避免公司被"掏空"，即并购绩效→持股股份减少→避免"掏空"。王靖懿等（2019）采用双重差分模型研究了放松卖空管制对控股股东股权质押与公司审计费用关系的作用。他认为放松卖空管制之后，控股股东股权质押的上市公司审计费用会显著减少；控股股东股权质押的规模越大，审计费用的减少越明显。这种负相关关系存在于分析师跟踪更少、公司内部股权制衡程度更高的样本中。放松卖空管制之后，控股股东股权质押的上市公司中股东持股发生变化，"掏空"行为显著减少。对于上市公司的股权结构设计，企业制衡持股下的控股股东股权质押会减少公司被"掏空"，即股权质押→持股股份比例减少→避免"掏空"。陈金勇等（2019）研究分析了中国半强制分红监管政策出台后所引发的控股股东、股权结构、成长性与现金股利分配行为之间的选择效应。他认为中国上市公司的股利政策更遵从自由现金流量假说，而不是"掏空"假说；集中持股度较高的上市公司，卖空行为出现概率较大，为了避免卖空股东控制权而发生转移，股东持有股份减少，即现金股利分配→持股股份减少→避免"掏空"。

综上可知，股东股权比例变化将影响股东获得企业控制权，持股股份减少使企业的控制转移，股权比例变化将防止股东被"掏空"，遵循持股股份比例减少→避免"掏空"的路径。

2. 激励企业规范股东收益

上市公司股东减持股份除了担心被不良股东"掏空"以外，还在意公司营利后的收益管理。近几年，不少学者以企业收益为视角展开研究。宋迪和杨超（2018）以 2008～2017 年中国 A 股上市公司数据为研究样本，对控股股东股权质押与上市公司股利政策之间关系进行了研究。他认为影响上市公司股利政策的重要因素是控股股东股权质押，随着控股股东股权质押比例的提高，股票分红比例显著降低。继续研究发现，证券分析师关注度对控股股东股权质押与上市公司股利政策之间的关系具有抑制作用。也就是说，当证券分析师关注度较高时，控股股东股权质押与现金分红之间的正向关系可降低，从而创新影响企业收益管理。从收益的角度发现股东通过股东股权比例变化管理收益，即股权质押→持股股份减少→现金分红（股票分红）→收益管理。洪正和袁齐（2019）以 2007～2016 年中国城市商业银行数据为研究对象，分析了民营资本入股对城市商业银行不良贷款率的影响。他认为民营资本入股降低不良贷款率的效果仅在地方政府控股型城商业银行存在且该效应在国有经济占比高以及金融发展落后等地方政府干预程度高的地区更为明显。进一步探究地方政府控股型城市商业银行中民营资本异质性特征与降低不良贷款率的关系后发现：与外地股东相比，本地股东因在监督城市商业银行和信息提供方面具有比较优势，更有助于降低不良贷款率。商业银行中，民营资本持股股东与地方政府持股股东所呈现出治理模式不同，对不良贷款率的影响也不一样。在考察不良贷款率指标时，不同股东或采用持股方式、股权比例变化对商业银行业务展开运行不一样，即民营资本→持股股份减少→不良贷款率→收益管理。

　　综上可知，股东股权比例的变化影响了股东的控制权。受各种分红利润、不良贷款等的影响，股东对企业的控制转移到收益管理上，股东股权比例变化带来的合作经营将完善企业收益管理，遵循"持股股份减少→收益管理"的路径。

3.3　股东股权比例对合作机制的影响：基于分时权变的新探索

　　前文就股东股权比例的变化对合作机制的形成展开了研究，可知股权比例变化是由于股东的持股增持（控制权、企业增价）、持股减持（防"掏空"、规范收益）"重塑"了风险管理、收益管理，进而改变了股东决策效率，实现了股东合作机制，如图 3 - 2 所示。进一步分析可知，股东对企业控制、企业收益的关注并非静态的。一些学者以科技型企业为研究对象进一步展开讨论。

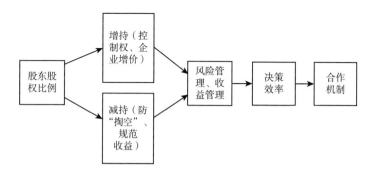

图 3 - 2　股东股权比例对合作机制的影响分析

资料来源：笔者绘制。

3.3.1 科技型企业股东股权比例与合作机制的分析

1. 成熟科技型企业的"持股变化→合作→控制权→担风险"

科技型企业的地位越来越凸显，企业中股东类型相对简单，股东对企业经营发展的把控主要通过获得控制权实现。近几年，不少学者对此现象开展了研究。谢珺和刘敏（2017）以 2003 ~ 2013 年沪深 A 股上市公司数据为研究样本，探讨了 CEO 职业生涯关注与财务报告质量的相关性。他认为 CEO 职业生涯关注和上市公司的财务报告质量显著负相关。进一步区分公司股份比例变化后发现，职业生涯关注对 CEO 行为的影响机制在不同持股股东的企业中有所不同。CEO 职业生涯影响了 CEO 成长，当 CEO 作为股东出现在上市公司中时，CEO 根据自己的职业生涯与其他股东构成合作关系，合作关系的质量影响上市公司财务报告的质量。上市公司中包括了不少科技型企业，在科技型企业中股权比例不同使 CEO 股东对企业对绝对控制权不同，从而影响与其他股东的合作经营，在合作中保障经营风险，提高 CEO 对企业经营的决策效率。袁奋强等（2017）以 2007 ~ 2013 年深圳证券交易所主板上市公司为样本，探索了股权结构、信息透明度与公司绩效的关系，他认为第一大股东与公司绩效表现为正相关关系；第一大股东控制能力对公司绩效的影响不显著；法人股注重公司成长，其会降低代理人的代理成本，从而有助于公司绩效的提高。上市公司的合作创新根据第一大股东、法人股东、代理人三者之间股权比例变化决定。主板上市科技型企业中，股东股权比例的变化受第一大股东股权比例的影响，第一大股东通过股权比例变化拥有企业的绝对控制权。不同的股权比例拥有控制权不同，控制权的大小影响第一大股东与其他股东的合作经营，提高第一大股东对企业经营决策效率将保障合作经营风险。

2. 成熟科技型企业的"持股变化→合作→收益权→均共赢"

科技型企业中除了控制权，以资金入股的股东还在乎收益情况，股东对收益权的关注逐渐浮现。不少学者也关注到了这一情况。赵国宇（2017）以 2007～2015 年中国上市公司数据为研究对象，探索控制权获取、CEO 变更与合谋掏空的关系。研究发现，公司控制权变更一般会引起 CEO 变革，但是控制权变更也必然导致"掏空"；如果并购方是跨行业并购，并且以劣质企业为并购目标，那么掏空是大股东获取控制权的主要动机。另一种情况是，控制权变更的同时发生 CEO 变更，其目的是实施"掏空"动机下大股东与高管的合谋行为。为了避免股东持股变化出现的控制权变化、CEO 变更等影响其他股东的收益，科技型企业中股东通过股权比例变化不断控制权的归属，控制权的变化中保障与其他股东的合作经营，在合作经营中实现收益共赢，从而防止"掏空"。李常青等（2018）以沪深两市上市公司 2013～2015 年的季度数据为研究样本，探讨了控股股东股权质押对上市公司持有现金水平的影响。研究表明，上市公司现金持有与控股股东的股权质押比例呈"U"型关系。具体而言，当控股股东质押比例高于临界值时，为了规避控制权转移风险，要求上市公司持有更多现金；当控股股东股权质押比例低于临界值时，上市公司由于资金占用等原因现金持有水平降低。也就是说，股权质押改变了股东股权比例。在非国有企业中，从股权质押的视角分析股东控制权，股权质押的比例大小说明了股权结构中控股股东持股数的变化，即控制权转移。临界值的设计表明控制权转移不是随机的，动态且有区间地使股东间合作创新出现，因此其转移关系与企业现金持有水平有关系，当现金持有水平降低时企业被"掏空"，此时控制权转移后应该关注股东收益权。为了防止"掏空"，上市科技型企业通过股权质押改变了股东股权比例，股权比例变化将影响股东对企业的控制，通过控制获得收益权，

股东合作经营在收益共赢中防止"掏空"。胡耶巴尔特（Huyghebaert,
2019）研究了股权结构和董事会特征对我国上市公司价值创造和价值
分配的影响。研究结果显示，当公司最大的股东控制比例大于投票权
时，价值创造（通过企业营利能力、劳动生产率和资产利用效率获
得）更为优越。管理者的所有权和抵消股东的所有权都能提高价值创
造，但这只限于私人控制的公司。持股结构中股东关注其收益，通过
股东股权比例变化进行收益管理。为了创造更多价值，上市的科技型
企业通过 RPT 和现金股利改变了股东股权比例，股权比例变化将影响
股东对企业控制实现股东合作，通过控制获得收益权，在企业价值不
断创造中，实现收益共赢。

综上所述，科技型企业中控制权、收益权源自股东对企业权利的
分离，在企业发展的重要时机（时间），企业在一定因素影响下使股
东股权比例发生变化，通过改变股东原有经营行为来实现股东合作，
在科技方股东（投资方股东）的控制权、收益权的改变中完成"担风
险、均共赢"，即同时遵循"持股变化→合作→控制权→担风险""持
股变化→合作→收益权→均共赢"的路径。

3.3.2 科技型企业中分时权变的分析

股东股权比例的变化会对企业发展带来影响，还出现在其对成熟
型企业（上市公司）风险管理的研究上。近几年，不少学者对从投资
者股东的投资风险角度展开研究，王鲁平等（2018）以我国 2004 ~
2015 年沪深股市上市家族企业为样本，探讨了不同股权结构下，上市
家族企业股权激励对投资行为的影响。他认为股权激励能从两个不同
的方面改善家族企业投资行为：一方面，上市家族企业实施股权激励，
能促使管理者更好地把握投资机会，从而提升企业投资效率；另一方

面，实施股权激励能够减少因委托代理问题和信息不对称所造成的非效率投资行为。家族企业中股东股权比例的变化是股权激励的有效手段，家族企业股东通过股权比例的改变进行合作创新，提升投资效率，从而保障投资风险。徐光伟等（2019）检验了国有上市公司多元化的股权结构对投资结构的影响。他认为混合所有制改革中，制衡持股和集中持股两种不同的持股情况，对企业流动资产投资、固定资产投资、长期股权投资、无形资产投资等具有不同影响；持股结构对投资结构影响存在异化；在不同控制层级国有企业中也存在异质性，应充分发挥不同性质股东的作用。国有上市公司股东通过股权比例的变化改变合作方式，决策投资类型，从而保障投资风险。王晓亮等（2018）以2013～2017年中国深圳证券交易所上市公司为研究样本，对定向增发前后股权结构与企业风险承担水平之间的关系进行研究。他认为定向增发之后企业风险承担水平下降，集中持股度增加，大股东更容易规避风险，形成风险厌恶型的投资态度，从而降低企业的风险承担水平，并且制衡持股股东和机构投资者股权比例变化与企业风险承担水平没有显著关系。在对企业风险承担水平的研究中，定向增发前后存在持股结构相互转变的情况。定向增发改变了股东股权比例，影响股东间原有的合作方式，合作创新让企业风险承担水平发生了变化，从而保障企业风险。庄雷等（2017）基于制造企业智能化投资的视角探索其对股权结构的影响，他认为从股权集中角度看，一股独大不利于企业智能化投资，一定的股东制衡持股非常有必要；从企业性质分析，个人私有的第一大股东不太愿意进行智能化投资，共有企业更愿意进行智能化投资。但在第一大股东的股权比例发生改变后，股东间关系发生变化，故而合作出现，从而保障智能化投资带来的风险。毛颖等（2019）选取某保险集团为代表性案例，探索了其过度风险承担行为及导致经营风险和系统重要性增加的行为后果，解构保险公司股权结构对风险承担行为的影响机理。他认为国有公司与非国有公司因多重委托代理链条和预算软约束导致的风险承担激励差异在保险业中并不明显，且国有保险公司存在的社会性政策负担会抑制其风险承担行为激励；股东的控制权伴随着股权比例的变化而变化，股权比例越大的股东通过高风险活动谋取私人收益的动机和能力大；金字塔式持股结构导致了控制权与现金流权偏离，使最终控制人从事高风险项目的预期收益大于预期成本。保险集团股东股权比例发生变化后，股东的控制权发生变化影响股东间合作创新，使股东风险承担行为发生变化，从而保障企业经营风险。刘志远等（2018）选取了1995～2014年中国A股上市公司的数据，实证检验了经济政策不确定性对企业风险承担的影响。他认为经济政策不确定性显著提升了企业的风险承担；然而，该影响仅存在于非国有企业，即在非国有企业中股东持股集中时显著削弱了经济政策不确定对企业风险承担的正向影响，非国有企业中股东间合作对风险承担有促进作用。

综上可知，大多数上市（成熟型）企业（非科技型企业）中股东股权比例的变化会影响股东合作经营方式，但是大多仅关注到了保障投资者股东投资失败的风险。下面将重点以科技型企业为对象，主要从"防止投资失败、防止技术研发失败"两个角度对其展开进一步研究。

1. 风险管理中蕴含的时间（时机）

在成熟的科技型企业发展中特定时间（时机）发生时，即面临投资失败、技术研发失败的风险时，企业会将权利进行分离。因此，分时间（时机）管理风险时与科技型权利的分离性是共生出现的。

（1）防止投资失败风险的分析。

创业型企业与风险投资合作机制是围绕资本供求关系进行的，李武（2012）基于博弈论的分析方法，构建了不同阶段的博弈模型，并求解博弈双方不同策略下的纳什均衡。结果表明：无论创业型企业或风险投资的任何一个阶段，合作是双方最好的策略选择。企业中风险投资者是以股东形式与创业者开展合作，在企业发展的重要时间（时机）企业权利分离，因此，股东通过股权比例变化将改变股东权利，影响股东合作经营，在合作经营中分担投资风险。李昊洋等（2018）采用 2013～2015 年深圳证券交易所上市公司数据，对机构投资者调研与公司避税水平的关系进行了深入探讨。他认为机构投资者调研通过提升公司信息披露水平抑制公司避税行为，并且这种关系主要存在于无绝对控股股东的样本中。上市公司中的科技型企业无绝对控股股东时，投资者将拥有企业的绝对控制权。绝对控制权的权利会在企业发展的重要时间（时机）发生分离，股东通过股权比例变化改变股东权利，投资者通过绝对控制权与其他股东合作经营，在合作经营中分担投资风险。金等（Kim et al.，2018）研究了控制权与现金流权分离对中国企业盈余管理实践的影响。我国企业的显著特点是集中持股，控股股东的控制权与现金流权之间存在着严重的差距。其采用权责发生制盈余管理（AEM）和实际活动盈余管理（REM）两种不同的计量方法对中国企业盈余管理水平进行了测量。他们还考虑了这两种测量方法之间可能存在的权衡效应。研究结果表明，随着现金流权的集中，控股股东更倾向于进行资产管理，而随着控制权现金流权差距的增大，控股股东不太可能使用 REM。因此，随着差距的扩大，控股股东更有可能限制 REM 的使用。股东的股权比例影响控股股东，而 AEM、REM 又影响股权比例，当现金流权发生变化时合作创新出现。在企业发展的重要时间（时机）企业权利分离成为控制权与现金流权，投资者股东通过 AEM、REM 调整股权比例成为控股股东，通过控制权与其他股东合作经营，在合作经营中分担投资风险，实现盈余管理。

综上可知，关键时刻对投资的保障解决了成熟的科技型企业"持股变化→收益管理→均共赢"的问题。

（2）防止技术研发失败风险的分析。

解学梅和孙科杰（2018）基于 144 家上海地区的产业技术创新战略联盟的调研数据，通过对联盟绩效、企业绩效以及产业技术创新战略联盟多维合作机制的关系影响机理进行探究，结果显示，整合机制、激励机制、控制机制以及良好的联盟运行机制均与联盟绩效和企业绩效呈正相关，技术创新联盟以技术股东形式与企业进行合作，从而促进企业绩效提升。秦德智等（2019）以 2013～2017 年我国 277 家创业板上市制造业企业数据为研究对象，采用中介效应检验方法分析了股权结构、技术研发与企业绩效三者间的相互关系。他认为第一大股东股权比例与技术研发、企业绩效间均呈显著正相关；集中度持股与技术研发、企业绩效间均呈显著正相关；在适度集中持股的基础上，制衡持股与技术研发和企业绩效均呈显著正相关。闫平和张佳乐（2019）以信息技术上市公司 2011～2017 年数据为例，分析股权结构、研发投入与经营绩效的关系。他认为非国有企业的前十大股东持股、管理者持股对经营绩效具有正向促进作用且存在研发投入的中介效应；制衡持股、机构持股能提高经营绩效，但不依赖于研发投入作为中介；非国有信息技术企业中各类股东持股、管理者持股受研发投入的影响。通过以上研究可知，关键时刻对技术研发的保障解决了成熟的科技型企业"持股变化→技术研发→担风险"的问题。

综上可知，公司制企业是若干人出资，并以其出资额承担有限责任，资本所有权和资本运作权完全分离（曾义和杨兴全，2014）。而科技型企业与公司制企业还存在差异，这类企业为了更好地管理风险，经营者将权利进行分离。企业的股东因持股情况不同而获得不同的权利，股权比例的变化将影响股东权利变化，带来股东合作经营，合作经营分担了技术研发失败的风险（担风险）、保障投资失败使企业股东均获得高额回报（均共赢）。

2. 分时权变在科技型企业的作用

（1）"权变设计"在成熟科技型企业中的应用。

成熟的科技型企业中股东对控制权、收益权的关注并非一成不变，不少学者对股东动态持股带来股东权利的变化展开了研究。贺静静等（2017）以 2012～2015 年中小企业板的 221 个企业作为研究样本，分析股权结构与研发投入调节效应。他认为股权结构与研发投入之间有显著相关性，并且随着企业集中持股度的上升，企业研发投入强度为先提高后降低再提高，两者之间的具体关系为"N"型三次方曲线；制衡持股与研发投入之间是正向线性关系；管理层的平均年龄和研发投入显著负相关，受教育程度与研发投入强度显著正相关，且管理层平均年龄和受教育程度对股权结构与研发投入有正向调节效应。研发投入作为科技型企业快速发展的重要指标，与股东股权比例变化密切相关。"N"型三次方曲线、正向线性关系说明股东股权比例与研发投入强度均是动态变化，即科技型企业中股东通过股权比例变化改变不同股东持股情况，获得的企业控制权、收益权。"N"型曲线说明控制权与收益权在科技型企业发展中存在转换，转换中股东实现合作经营。刘祺阳（2018）以 2015 年我国主板与中小板及创业板上市公司为样本，探索内部控制对股权结构与公司绩效的中介作用机制。他认为在中小板及创业板样本公司中，内部控制对集中持股、制衡持股与公司绩效存在部分中介传导作用；内部控制对管理层股权比例与公司绩效不存在中介传导作用。即：科技型企业中内部控制使股东股权比例变化，集中持股（制衡持股）的出现源自股东股权比例的变化，在科技型企业发展中存在转换，转换中股东实现合作经营。杨柳青等

（2018）采用 2005～2016 年我国 8311 家中小板（主板）上市公司数据为研究对象，探索了国家创新体系对企业研发投入的影响以及股权结构的调节效应。他认为国家创新体系对滞后一年的上市公司企业研发投入会产生积极的影响；集中持股（第一大股东股权比例）越高，企业研发投入越低；制衡持股（第二大与第一大的股东持股之比）越高，则企业研发投入越高；更为重要的是，集中持股会削弱国家创新体系对企业研发投入的积极影响，制衡持股则不会调节上述两者之间的关系。中小板（主板）上市公司中企业研发投入调节了股东股权比例大小，股东股权比例发生变化而获得的企业控制权、收益权存在转变，股东间合作机制形成。即：科技型企业的研发使股东股权比例变化，集中持股（制衡持股）的出现源自股权比例的变化，在科技型企业发展中存在转换，转换中股东实现合作经营。霍晓萍（2019）以创业板上市公司 2010～2016 年的数据为研究对象，运用多元回归分析方法探索了创新投入对企业成长性的影响，以及股权结构特征对二者关系的调节效应。他认为当创新投入较低时，创新投入水平与企业成长性显著负相关；当创新投入较高时，创新投入水平与企业成长性显著正相关，且在创新投入水平较高的样本中，集中持股正向调节创新投入与企业成长性之间的关系，制衡持股负向调节创新投入与企业成长性之间的关系。换角度、样本、更聚焦地求证了刘祺阳（2018）研究结论，即科技型企业上市公司中股权结构的变化与创新投入有关，创新投入使股东股权比例发生变化，集中持股（制衡持股）的出现源自股东股权比例的变化，在科技型企业发展中存在转换，转换中股东实现合作经营。

综上可知，在成熟的科技型企业中权变设计对其的作用与影响，在公司治理的背景下已取得了不少研究成果。但处于初创期的科技型企业，虽然继承了成熟的科技型企业的特点，但由于其特殊性、典型性，下面将进一步剖析。

（2）分时权变在初创期科技型企业中的新探索。

由于公司治理结构兴起，学术界对成熟（已上市）的科技型企业中股东权变设计对股权比例与合作机制的影响研究较为丰富与集中。但科技型企业中，特别是对初创期科技型企业关于其快速发展的研究较为松散与缺乏。万赞特（Vaznyte，2019）通过探讨初创企业的战略姿态在财务决策中的作用，扩展了优序理论。采用权变方法，他提出创业的创业导向不同程度地影响与外债和股权融资相关的成本和收益，从而影响其各自融资形式的使用；这些关系的强度取决于行业层面的风险和风险发展阶段。他还以 4456 家德国初创企业为样本，检验并证实了这些假设。它通过考虑战略态势及特殊情况（偶然性），基于初创公司股东间控制权的变化提出了创业金融理论，并对创业导向与企业绩效之间的关系进行了深入研究。将创业期的科技型企业"战略态势及特殊情况"是将初创企业发展的时机（时间）这一因素考虑到股东权变，变化战略态势使股东股权比例变化，集中持股（制衡持股）的出现源自股东股权比例的变化，在科技型企业发展中存在转换，转换中股东实现合作经营。博尼尼（Bonini，2019）以天使投资进入后企业表现和生存状况的经验证据展开研究，以 111 家在 2008~2012 年接受天使投资的初创企业为样本、选择至少 3 年的投资后财务数据，研究开发了一个创新的绩效指标，表明天使投资的存在和商业天使的参与对创业公司的业绩和生存概率有积极影响，而天使投资监控的强度和股权结构变化的时间呈负相关。研究结果对一些内生性测试是稳健的，并提供了天使投资者对创业企业业绩和生存的多方面贡献的见解。天使投资使初创科技型企业股东股权比例变化，集中持股（制衡持股）的出现源自股东股权比例的变化，在科技型企业发展中存在转换，转换中股东实现合作经营。

综上所述，在初创期的科技型企业的内部控制、投资者（创新投入）、技术研发（研发态势）等将影响股东股权比例的变化，股东在持股情况变化下改变权利，权利诱发股东与其他股东合作经营。初创期的科技型企业（本文的研究对象）作为一种特殊的企业组织，其特殊的原因主要是该类企业实行"自筹资金、自愿组合、自主经营、自负盈亏、自我发展、自我约束"的原则。企业的股权结构中允许高新技术研发人员以技术为股份（股东）进行持股。科技型企业的股权结构与创业板的高新技术型企业相似。按照股东属性可分为第一大股东、几大股东、投资者股东、技术股东等。科技型企业中股东的股权比例受企业投资者（创新投入）、技术研发（研发态势）的影响，而决定了其拥有控制权的大小。股东可通过控制权实现企业发展的各种指标，控制权集中的股东（投资者）可能会抑制技术方股东持续技术研发。为了避免这一现象，很多科技型企业为了刺激技术而不断创新，将持股情况设计为动态的，在特殊时机（时间）对企业权利分离，股东通过股权比例的调整来改变控制权，控制权影响收益情况，从而激发股东对收益管理的关注，即权利分离为控制权、收益权。因此，以分时权变为全新视角来分析科技型企业股东创新经营，即股东股权比例一开始受风险投资（创新投入）、技术研发的影响，企业发展过程中技术股东为了激励投资者股东而主动放弃了企业分红的收益、投资者股东为了激励技术型股东不断进行技术研发而将企业控制权交给技术型股东，双方就在控制权、收益权转变中实现收益共赢、风险共担，优化决策效率，形成合作机制，合作机制又将影响股东股权比例的变化。因此，在关键时间（时机）的权利切换，即分时权变将对初创期科技型企业股东股权比例与合作机制产生影响，如图3-3所示。

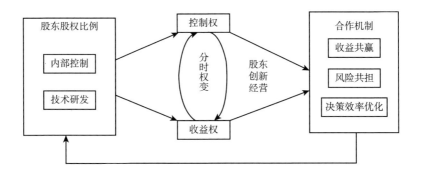

图 3 - 3 科技型企业（初创期）分时权变对股东股权比例与合作机制影响分析

资料来源：笔者绘制。

第4章　分时权变的量表开发

由前文可知，在科技型企业中分时权变设计是股东股权比例变化与合作机制形成的关键因素。因此，进一步挖掘分时权变的特征至关重要。本章通过核心小组、半结构化访谈等方式采集科技型企业信息，通过分析企业中控制权、收益权变化的内在逻辑，按照扎根理论逐级编码的规范抽取分时权变的特征，依据数据饱和理论提炼分时权变特征的维度，进而获得衡量分时权变的量表，最后对量表进行预调研与数理验证。

4.1　问题提出

通过查阅文献资料发现，已有文献对分时权变的研究相对较少。邱国栋和黄睿（2015）通过对典型组织结构展开提炼，首次提出分时权变是一种整合组织异质性资源的一种设计，设计中将时间（时机）作为横坐标，控制权、收益权的变化作为纵坐标，横坐标的变化带来纵坐标的变化，从而形成创新激励来刺激组织不断创新。因此，控制权与收益权的变化与时间（时机）的出现有关，当重要时间（时机）的出现时控制权将发生切换。西蒙（Simon，1947）定义：控制权即企业家与投资者中任意一方具有改变另一方行动的权利。一些学者认为公司的控制权实质是一种通过对公司的不同主体之间相关行为确定相关规则，对不同主体的每一项权利展开界定，从而形成对控制权的切换（角雪岭，2006）。胡继立（2011）认为控制权是企业通过对投资、运营实现组织发展的权利配置过程。王声凑和曾勇（2010）将控制权看作清算权和替换权来研究创业企业结算权、替换权的配置解决创业企业家和投资家之间利益冲突问题。国外一些学者通过数据研究发现，创业企业的中股东的权利主要包括投票权、收益权、董事会权、清算权等，没有给出控制权的明确界定（Kaplan & Stromberg，2003）。德国学者将 464 个初创企业作为样本，研究控制权的结构和演化，认为控制权包括董事会权力、表决权、收益权、清算权、退出权等（Carsten Bienzac & Uwe Walzbc，2007）。吉恩（Jean et al.，2008）将创业企业控制权划分为董事会权、投票权和否决权等。国外还有学者从创业投资家的视角认为创业企业控制权应被看作被执行清算或企业家被替换的权利（Zsuzsanna & Fluck，2010）。综上可知，第一，关于控制权的切换与科技方、投资方两者密切相关；第二，随着科技型企业的发展，企业中科技方继续关注基于新技术等控制权的原生性控制，而投资方开始关注资金（追加、退出等）所带来的影响企业收益大小的控制，是对控制权的衍生；第三，原生性控制、衍生性控制均与科技方、投资方密切相关。为了更准确地表达，原生性控制源自对新技术研发情况的控制，即控制权；衍生性控制源自对新技术带来的收益情况的控制，即为收益权。因此，本章将以科技型企业的快速发展为背景，通过从企业发展的关键事件中获取相关的资料，采用扎根方法，梳理分时权变特征的形成。通过多轮次修正开发出了测量分时权变的量表。最后，对量表进行了信度和效度的检验。总之，本章分为两个部分：第一，基于扎根理论的特征维度开发；第二，对开发的特征维度进行量表检验。

4.2 扎根分析

本节主要探索分时权变特征的维度，采用的方法主要有访谈法与调查法等。采用半结构化访谈、焦点小组讨论等方式对分时权变基础资料展开收集。经过扎根三级编码（即开放式编码、主轴编码和选择性编码）来抽取和提炼分时权变特征的维度，直到最终的"理论饱和"（Eisenhardt，1989）。

4.2.1 研究方法

主要采用格拉泽和斯特劳斯（Glaser & Strauss，1967）提出的扎根理论研究方法[①]，通过该方法来探索分时权变特征的维度。帕里（Parry，1998）指出，扎根理论研究方法是一种归纳性方法，通过归纳原始资料的相关核心特征，帮助研究者从资料中发现理论（概念）。它作为人文社会科学的定性研究方法，有着规范的操作指南，特别是对众多资料的探索性研究具有极其重要的价值（费小冬，2008；奉小斌，2012）。其研究步骤如下：第一，进行多样性原始资料的收集[②]。第二，对搜集的原始资料进行编码。第三，将编码进行归类。格拉泽（Glaser，1992）对编码进行了规范定义，他将编码分为三种：开放式编码、主轴编码和选择性编码。本部分主要采用科尔宾和斯特劳斯所

[①] 扎根理论被认为是"社会科学中最有影响的研究范式"。该方法一经提出，便在管理学、社会学以及心理学等领域引起了极大的反响。

[②] 原始资料包括现场访谈、录音资料、企业报告、视频、历史数据、企业日志等，凡是与理论构思有关联的企业材料、已有文献和数据都可作为研究的原始资料。

提出的操作程序与 Glaser 定义的编码（Corbin & Stauss，1990）。该程序主要包含几个步骤"理论抽样→收集资料→逐级编码、产生概念→反复比较→构建理论→理论评价"等。

4.2.2　理论抽样

格拉泽（1992）提出一切以数据为中心是扎根理论的核心理念。本部分旨在发掘分时权变特征的维度，以科技型企业为研究对象，通过对这些典型企业采样后展开研究。科技型企业具有以下特点：（1）初期规模小，主要从事高科技（基于互联网的大数据技术）的研究，技术开发、技术服务等主要内容；（2）企业在天使轮投资之后、未进行扩股（无其他第三方投资者增资扩股、无其他第三方投资者股权转让）之前这一阶段，股东积极进行的技术研发、资金投入等创新经营活动；（3）创新经营改变了企业的控制权，分离出收益权；（4）企业具备科技含量高、投资高、风险高、回报高等特点；（5）企业无有形资产的担保，融资难度大；（6）企业发展主要依赖科技方、投资方股东。基于以上六点，科技型企业的快速发展情况相较于其他企业更契合本部分的研究主旨。在访谈人员的选择上，为了保证研究结果的有效性，主要选择科技型企业的技术研发者、投资机构的中高层管理者为访谈对象，他们对科技型企业的创立（运作）熟悉，通过访谈能够挖掘出更详尽的有效信息。

4.2.3　资料收集

1. 资料收集方法

主要采用两种方式进行资料的收集：一是实地访谈，获得一手资料的收集；二是收集企业的各类资料，获得二手资料。在实地访谈中，采用半结构化访谈，捕捉访谈对象的内隐信息，主要是搜集出现分时权变特征的一手资料，而这些信息对于新概念（特征）形成具有重要的影响（王重鸣，2006；王海花和谢富纪，2015）。实地访谈之前，进行了规范程序的准备，如建立访谈的提纲、对访谈的时间提前进行安排等。在此对访谈的时间进行了控制，如半结构化访谈要在 1 小时内完成，焦点小组访谈时间控制在 1 小时左右。为了便于进行资料的相互印证，一方面向对方说明研究的意义，另一方面进行资料的记录。为了使访谈的信息完整和真实，在访谈之后，要求当天对获取的信息进行整理。

2. 访谈设计

为了能够提炼出特征，需要对分时权变的组成内容进行访谈。当访谈内容主体涉及技术研发团队、投资者时，采用"背对背"式进行访谈。访谈提纲所涉及的主要问题如下：

（1）企业的基本情况（包括企业成立时间、所处阶段、企业规模、业务亮点、市场现状等）？

（2）投资者通常以何种方式入股企业，技术研发团队以何种方式入股企业（股东类型等）？

（3）企业的控制权（经营主导）主要包括哪些内容？投资方股东对企业的控制主要包括哪些内容？科技方股东对企业的控制主要包括哪些内容？请具体谈谈。

（4）企业的收益权（收益情况）主要包括哪些内容，投资方股东对企业的收益主要包括哪些内容，科技方股东对企业的收益主要包括哪些内容？请具体谈谈。

（5）企业中影响科技方股东控制权、收益权的因素有哪些？请具体谈谈。

（6）企业中影响投资方股东控制权、收益权的因素有哪些？请具体谈谈。

（7）企业中控制权与收益权的变化对科技方股东、投资方股东有什么影响？请具体谈谈。

（8）投资方股东在哪些情况下会进入企业参与管理，具体会在哪些方面介入企业的管理？请具体谈谈。

（9）基于以上情况，企业中出现的创新激励给科技方股东、投资方股东带来了什么？

通过以上问题，在科技型企业中挖掘分时权变特征从而获得分时权变特征的维度。

3. 访谈对象

本部分研究旨在挖掘分时权变的特征维度，笔者选择重庆两江新区①的科技型企业和投资机构为样本。在访谈对象选取上，主要以具有核心技术研发的创始人（研发团队）、投资机构的投资者为主要访谈对象。因为他们对新科技的相关资料具有专业的经验，同时具有丰富的风投知识和严密的逻辑思维能力，能够较好地理解并提供研究所需信息。收集资料之后，严格按照扎根理论的要求，对采集到的资料进行多次比较和分析，方便产生相应的概念与范畴，直到"理论饱和"为止。访谈工作前后经历了2个月的时间，访谈企业主要来自重庆两江新区的科技型企业、投资者（风投机构），见表4-1。样本共涉及6家企业，共26人次，主要包括基于大数据应用的科技型企业和有投资经验的风投机构，如：誉存科技、海云数据、千丁互联与重庆天使投资引导基金有限公司、重庆软银创业投资中心、重庆极创渝源

---

① 重庆两江新区：全国副省级新区、国家级新区、中国内陆第一个国家级开发开放新区，是继上海浦东新区、天津滨海新区后，由国务院直接批复的第三个国家级开发开放新区。

股份投资基金合伙企业。为了保证信息采集的完整性和真实性，以上企业的技术研发（管理）者，风投机构的核心业务管理者源于笔者所在单位已毕业的学生、硕士研究生阶段的同学，全程均由笔者团队亲自进行访谈。

表4-1　　　　　　　　　访谈企业与访谈人员汇总

企业名称	企业地址		规模	主营行业	受访人员	受访人数	方法
	（总部）	（分部）					
誉存科技（已完成天使轮投资*）	重庆两江新区	无	科技型企业	基于大数据的金融解决方案	技术部主管、战略部主管	5	半结构化访谈
海云数据（已完成天使投资）	北京	重庆两江新区	科技型企业	基于大数据的数据可视化技术	技术部主管、战略部主管	4	半结构化访谈
千丁互联（已完成天使投资）	北京	重庆两江新区	科技型企业	基于大数据的新服务解决方案	战略发展部主管、业务部主管	4	焦点小组
重庆天使投资引导基金有限公司	重庆两江新区	无	风投机构	投资中小型科技创新企业、初创期企业	运营部主管、战略发展部主管	4	半结构化访谈
重庆软银创业投资中心	重庆两江新区	无	风投机构	投资中小型科技创新企业、初创期企业	运营部主管、战略发展部主管	5	半结构化访谈

续表

企业名称	企业地址		规模	主营行业	受访人员	受访人数	方法
	（总部）	（分部）					
重庆极创渝源股份投资基金合伙企业	重庆两江新区	无	风投机构	投资中小型科技创新企业、初创期企业	运营部主管、战略发展部主管	4	焦点小组

注：＊天使轮是项目早期的投资，用于项目的前期，如团队的组建和日常的运营，金额也会比较少，一般在 100 万 ~1000 万元。

资料来源：笔者整理。

4.2.4　编码分析

以 26 位工作人员为访谈对象，通过访谈和讨论，获得一手（二手）数据资料。在整理好这些资料的基础上，按照扎根理论的规范对资料进行三级编码，即开放式编码、主轴编码和选择性编码，然后对资料进行深度分析。

1. 开放式编码

挖掘原始资料的特征、概念，将属性范畴化，即开放式编码。涂辉文（2010）、奉小斌（2012）认为，通过对原始资料中的重要事件进行描述、表征、概念化是理论建立的第一步。

在开放式编码的过程中将原始资料无序打乱，对无序的资料进行概念的提取，同时将这些概念的关联性进行对比分析。对比中将关联性较强的概念归类到抽象的范畴（范畴化），并通过范畴解释事件（邱国栋和韩文海，2012；王海花和谢富纪，2015）。在进行开放式编码时，借助有学科背景的专家一起进行分析，以便使概念和范畴的归类更为合理和科学。针对访谈和收集的资料，笔者与企业组织治理等研究方向的博士（专家）进行深入交流，对提炼的概念和范畴反复比较、多次循环后最终抽取出56个概念。为了清晰表示这些概念，本书对这些概念进行了统一编码，分别是"a+序号"，由于开放式编码的内容较多，具体过程见表4-2。

表4-2   访谈资料的开放式编码

原始资料	开发放式编码		范畴属性	属性维度
	概念化	范畴化		
专业提供完整的金融大数据设计，核心技术研发，深耕金融业务领域，智能输出多套金融科技应用产品与完整普惠金融解决方案（a1）；依托于计算机数据视觉、数据算法等技术，提供企业级大数据整体运营与分析，专注于利用人工智能与可视分析技术（a2）；立足于社区，为物业、业主、合作商提供一整套社区生活服务解决方案提供商（a3）；一般这样的企业都是以大数据技术带来的新模式进行入股的（a4）	a1 金融算法与技术领先； a2 AI 与可视化技术领先； a3 领先的物业服务模式； a4 技术（服务）入股	A1 新技术优势明显，在科技型企业中科技方以科学技术入股（契约入股），包括： a1 金融算法与技术领先； a2 AI 与可视化技术领先； a3 领先的物业服务模式； a4 技术（服务）入股	优势领先度	多｜少
公司技术已经实现突破，但缺乏资金支持（a5）；为了解决"有票上不了船"的窘境，公司求助风投机构（a6）；拿着20万元种子轮（亲人朋友凑集）资金（a7）；公司是专门做科技型企业融资业务的，当然以资金入股最好（a8）	a5 无种子资金； a6 寻求政策支持； a7 凑集微量资金； a8 资金入股	A2 资金雄厚的投资方，在科技型企业中以投资资金数投资入股（契约入股），包括： a5 无种子资金 a6 寻求政策支持 a7 凑集微量资金 a8 资金入股	资金缺少度	多｜少
公司对新技术（服务）的发展和未来有详细的规划（a9）；基于大数据的自动识别技术前途无量（a10）；新技术（服务）具有全国（全球）行业领先水平（a11）	a9 对新技术（服务）有把握； a10 新技术（服务）未来营利空间大 a11 对新技术（服务）有把握	A3 科技方期待对新技术、资金的控制，投资方期待获得巨大收益（契约合作），包括： a9 对新技术（服务）有把握； a10 新技术（服务）未来营利空间大； a11 对新技术（服务）有把握	—	多｜少

原始资料	开发放式编码		范畴属性	属性维度
	概念化	范畴化		
会上与双湖风投机构详细介绍产品优势（a12）；技术总监向风投机构汇报详细参数功能（a13）；公司现在日常运转没有问题，更在意的是未来发展的实现程度（a14）；未来是大数据下的数字经济时代，将给公司的大数据产品带来生存空间（a15）	a12 技术介绍；a13 参数介绍；a14 生存情况；a15 前景介绍	A4 科技方绝对控制权大（战略控制权大）、战略收益权大（绝对收益权小），投资方将权利交给科技方（定向合作），包括：a12 技术介绍；a13 参数介绍；a14 信息咨询；a15 前景介绍	控制股权/收益股权	大｜小
对新技术（服务）有一点了解，但更多地源自科技型企业的介绍（a16）；这些企业的产品在未来真的有像其描述的那么美好吗（a17）；关于投资收益主要看未来的回报率，即关注战略性收益（a18）；现在阶段收益不明显，别投资失败就好（a19）	a16 技术弱项；a17 投资未来可期；a18 关注战略回报率；a19 担心风险	A5 投资方绝对控制权小（战略控制权小）、战略收益权小（绝对收益权小），科技方获得权利（定向合作），包括：a16 技术弱项；a17 投资未来可期；a18 关注战略回报率；a19 担心风险	收益股权/控制股权	大｜小
创业嘛，本来就有风险、有困难，最大的困难不是技术，而是资金跟不上研发（a20）；在信息化程度不那么高的地区（西南和西北）容易配合，未来对数据采集能力强的城市在操作上涉及我们的技术（a21）；总的来讲，数据交换、数据共享这个大方向是没变的，大家还是很支持的，收益只是时间问题（a22）	a20 担心资金链；a21 核心技术专业化程度高；a22 收益情况不明朗	A6 科技方绝对控制权小（战略控制权大）、战略收益权小（绝对收益权小），科技方将权利交给投资方（定向合作），包括：a20 担心资金链；a21 核心技术专业化程度高；a22 收益情况不明朗	控制股权/收益股权	大｜小
数据建模领域的"大牛"就是风投机构建议的（a23）；与风投机构一起理解智慧城市，发布的唇语识别技术全国领先（a24）；千丁2.0.0版本上线，推出智能门禁功能，而应用范围源自风投机构（a25）	a23 技术支持；a24 智力贡献；a25 应用推广	A7 投资方绝对控制权大（战略控制权小）、战略收益权大（绝对收益权小），投资方获得权利（定向合作），包括：a23 技术支持；a24 智力贡献；a25 应用推广	控制股权/收益股权	大｜小

续表

原始资料	开发放式编码		范畴属性	属性维度
	概念化	范畴化		
担心企业的核心技术被风投机构把控（a26）；向其他企业询问其与风投机构股权设计的情况（a27），可能企业暂时在一些问题上由风投机构在把控（a28）；股权设计方案可以让彼此达到新的平衡（a29）	a26 忧患意识；a27 寻求帮助；a28 股权设计；a29 重获平衡	A8 采用不同的股权方案设计，让科技方的战略控制权大于投资方的绝对控制权，科技方调整股权设计（定向合作），包括：a26 忧患意识；a27 寻求帮助；a28 股权设计；a29 重获平衡	退出（控制）机制	好|坏
利用大数据分析实现了中新企业间的无障碍搜索，并利用人工智能算法对企业和项目进行了精准的匹配和服务（a30）；基于可视分析技术产品的标准化和模块化模式，海云数据希望通过建设全国分公司、子公司的方式，不断开拓可视分析产品在大数据市场中的应用范围，快速建立市场新环境（a31）；目前整个企业运转是正常的（a32）；帮助企业拥抱新思想、新技术、新模式，推动他们数字化转型（a33）	a30 研发技术深度；a31 拓展未来应用场景；a32 常规运作；a33 技术转型（升级）	A9 科技方绝对控制权大（战略控制权大）、绝对收益权小（战略收益权大），科技方调整合作方式（可调合作），包括：a30 研发技术深度；a31 拓展未来应用场景；a32 常规运作；a33 技术转型（升级）	收益股权/控制股权	大|小
只要科技型企业是正常化运作，新技术（服务）研发的问题还是交给专业人士来完成（a34），有时候我们还是相信科技型企业的未来，不然投它们什么（a35），再次投资后，科技型企业让我们看到你们产品的希望（a36），希望他们继续加油努力攻关（a37）	a34 专业化壁垒；a35 保持技术专用性；a36 信任建立；a37 投资未来	A10 投资方绝对控制权小（战略控制权小）、绝对收益权小（战略收益权大），投资方接受调整（可调合作），包括：a34 专业化壁垒；a35 保持技术专用性；a36 信任建立；a37 投资未来	收益股权/控制股权	多|少

原始资料	开发放式编码		范畴 属性	属性 维度
	概念化	范畴化		
打造了全国首个中新跨境企业大数据服务平台（a38）；国内互联网发展已有 20 余年，在完成 B/C 端深度渗透后，G 端市场仍大有可为，如果 G to C（政府服务于老百姓）模式真的成立，就有可能产生巨头（a39）；千丁将一站式服务升级为区域的新零售服务，但是客户还需要适应期（a40）；服务政府的最大不足就是回报周期较长（a41）	a38 产品应用专业性； a39 服务对象（模式）专用性； a40 模式升级是适应期； a41 收益的不及时性	A11 科技方绝对控制权小（战略控制权大）、绝对收益权小（战略收益权小），科技方接受调整（可调合作），包括： a38 产品应用专业性； a39 服务对象（模式）专用性； a40 模式升级是适应期； a41 收益的不及时性	控制股权/收益股权	多|少
科技型企业发展到一定程度时，当大笔资金再次进入后，风投机构也会参与管理，如提醒整合自身大数据可视分析优势技术，以能力服务模式为核心（a42）；科技型企业会认真从技术的堵点、难点，从机制、业务、前景三个维度与风投机构进行交流（a43）；与创业公司交流后基本就最近的发展达成共识，如通过工业互联网在整车制造、供应商零部件配送、整车发运物流等行业全流程的实施，最终实现智能制造业的提档升级（a44）；风投机构都知道，科技型企业走好每一步很重要，如千丁最近在打造的智能硬件系统、为提升物业服务效率打造的物业管理监控系统（a45）	a42 进行知识共享； a43 构建技术壁垒； a44 构建发展共识； a45 关注回报时效	A12 投资方投资者绝对控制权大（战略控制权小）、绝对收益权大（战略收益权小），投资方调整合作方式（可调合作），包括： a42 进行知识共享； a43 构建技术壁垒； a44 构建发展共识； a45 关注回报时效	控制股权/收益股权	多|少

续表

原始资料	开发放式编码		范畴属性	属性维度
	概念化	范畴化		
风投机构一般会在再次投资前后，根据对企业的认知，判断是否继续投或退出（a46）；以什么样的方式退出（a47）；本来企业发展得很好，但是有风投机构突然退出（a48）；科技型企业担心核心技术被风投机构"偷走"；（a49）所以，创业也不容易，企业得保障自己的核心竞争力（a50）	a46 衡量退出；a47 如何退出；a48 担心退出；a49 股权设计；a50 保障权益	A13 特殊情况时，让科技方战略控制权大于投资者绝对控制权，科技方调整股权设计（可调合作），包括：a46 衡量退出；a47 如何退出；a48 担心退出；a49 股权设计；a50 保障权益	共赢（退出）机制	好|坏
投资机构 IDG 领投（a51）；盛景嘉成母基金领投，东方富海、上古资本跟投（a52）；西藏祥毓、泰及上海合毓投资成为新的股东（a53）	a51 国外顶级投资机构加入；a52 国内顶级投资机构加入；a53 其他机构加入	A14 更多投资方加入企业，即将进入扩股阶段（有效合作），包括：a51 国外顶级投资机构加入；a52 国内顶级投资机构加入；a53 其他机构加入	参与度	多|少
年度营收超过20%，成为瞪羚企业＊（a54）；创始者获得行业年度先锋人（a55）；媒体报道，新物业公司是中国物业管理行业标杆之一（a56）	a54 收益值大增；a55 年度表彰；a56 行业认同	A15 行业认同（有效合作），包括：a54 收益值大增；a55 年度表彰；a56 行业认同	认同度	多|少

注：＊瞪羚企业须是指成长性极好、创新性够强的高新技术类企业，如同瞪羚羊一般善于跳跃和奔跑。

资料来源：笔者根据访谈所得资料整理。

然后，本书将对抽取的56个概念进一步进行范畴的归类，即将概念之间具有相似意义的、重复意义的归为一类范畴。为了清晰地表示这些范畴，同样对它们进行了统一的编号，编号形式采用"A +

序号"，见表 4 – 3。本书共归类出 15 个范畴分别是：A1 新技术优势明显，在科技型企业中科技方以科学技术入股（契约入股）；A2 资金雄厚的投资方，在科技型企业中以投资资金数投资入股（契约入股）；A3 科技方期待对新技术、资金的控制，投资方期待获得巨大收益（契约合作）。A4 科技方绝对控制权大（战略控制权大）、战略收益权大（绝对收益权小），投资方将权利交给科技方（定向合作）；A5 投资方绝对控制权小（战略控制权小）、战略收益权小（绝对收益权小），科技方获得权利（定向合作）；A6 科技方绝对控制权小（战略控制权大）、战略收益权小（绝对收益权小），科技方将权利交给投资方（定向合作）；A7 投资方绝对控制权大（战略控制权小）、战略收益权大（绝对收益权小），投资方获得权利（定向合作）；A8 采用不同的股权方案设计，让科技方的战略控制权大于投资方的绝对控制权，科技方调整股权设计（定向合作）；A9 科技方绝对控制权大（战略控制权大）、绝对收益权小（战略收益权大），科技方调整合作方式（可调合作）；A10 投资方绝对控制权小（战略控制权小）、绝对收益权小（战略收益权大），投资方接受调整（可调合作）；A11 科技方绝对控制权小（战略控制权大）、绝对收益权小（战略收益权小），科技方接受调整（可调合作）；A12 投资方投资者绝对控制权大（战略控制权小）、绝对收益权大（战略收益权小），投资方调整合作方式（可调合作）；A13 特殊情况时，让科技方战略控制权大于投资者绝对控制权，科技方调整股权设计（可调合作）；A14 更多投资方加入企业，即将进入扩股阶段（有效合作）；A15 行业认同（有效合作）。

2. 主轴式编码

主轴式编码是扎根理论的第二步，其主要目的是分析各范畴的相似性和关联性（徐建平，2009）。本书文通过 KJ 法①对概念范畴进行主体归类。为了确保归类的可靠性，笔者继续邀请相关专业（企业管理、金融学研究方向）的 2 位博士生再次进行一轮新的归类，通过对比、分析和提炼，所得结论和笔者归类几乎一致。对开放式编码中得到的 56 个概念和 15 个范畴进行了反复的 KJ 法归类与比较，将这些概念和范畴置于科技型企业快速发展的情境下，针对科技方与投资方行为变化，通过分析分时权变特征的形成过程，得到了分时权变特征的 4 个主要范畴（采用"B + 序号"）和 6 个次级范畴（采用"b + 序号"），见表 4 – 3。

表 4 – 3   访谈资料的主轴式编码

开放式编码抽取的范畴	次要范畴	主要范畴
A1 新技术优势明显，在科技型企业中科技方以科学技术入股（契约入股）	b1 控制权、收益权变化的出现	B1 控制权、收益权变化（权变）的边界
A2 资金雄厚的投资方，在科技型企业中以资金投资入股（契约入股）		
A3 科技方期待对新技术、资金的控制；投资方期待获得巨大收益（契约合作）		
A4 科技方绝对控制权大（战略控制权大）、战略收益权大（绝对收益权小），投资方将权利交给科技方（定向合作）	b2 多边控制权、多边收益权发生变化（绝对控制权、战略收益权发生变化）	B2 控制权、收益权变化（权变）的频率
A5 投资方绝对控制权小（战略控制权小）、战略收益权小（绝对收益权小），科技方获得权利（定向合作）		

———————

① KJ 法是由川喜田二郎提出的一种质量管理工具。它是从错综复杂的现象中，用一定的方式来整理思路、抓住思想实质、找出解决问题新途径的方法。KJ 法不同于统计方法。统计方法强调一切用数据说话，而 KJ 法主要用事实说话，靠"灵感"发现新思想、解决新问题。

续表

开放式编码抽取的范畴	次要范畴	主要范畴
A6 科技方绝对控制权小（战略控制权大）、战略收益权小（绝对收益权小），科技方将权利交给投资方（定向合作）	b3 多边控制权、多边收益权发生变化（绝对控制权、战略控制权、战略收益权发生变化）	B2 控制权、收益权变化（权变）的频率
A7 投资方绝对控制权大（战略控制权小）、战略收益权大（绝对收益权小），投资方获得权利（定向合作）		
A8 采用不同的股权方案设计，让科技方的战略控制权大于投资者投资方的绝对控制权，科技方调整股权设计（定向合作）		
A9 科技方绝对控制权大（战略控制权大）、绝对收益权小（战略收益权大），科技方调整合作方式（可调合作）	b4 单边控制权、多边收益权不变化（绝对控制权、战略控制权发生变化）	B3 控制权、收益权变化（权变）的精准度
A10 投资方绝对控制权小（战略控制权小）、绝对收益权小（战略收益权大），投资方接受调整（可调合作）		
A11 科技方绝对控制权小（战略控制权大）、绝对收益权小（战略收益权小），科技方接受调整（可调合作）	b5 单边控制权、多边收益权发生变化（绝对控制权、战略控制权与绝对收益权发生变化）	
A12 投资方绝对控制权大（战略控制权小）、绝对收益权大（战略收益权小），投资方调整合作方式（可调合作）		
A13 特殊情况时，让科技方战略控制权大于投资方绝对控制权，科技方调整股权设计（可调合作）		
A14 更多投资方加入企业，即将进入扩股阶段（有效合作）	b6 控制权、收益权变化的影响力	B4 控制权、收益权变化（权变）的振幅
A15 行业认同（有效合作）		

资料来源：笔者根据三级编码整理。

在开放式编码抽取其概念和范畴之后，经过多轮次的反复比较和讨论并根据范畴之间的内在联系，对这些范畴进行联结。其中，

A1、A2、A3 联结为次要范畴"b1 控制权、收益权变化的出现"，科技型企业中科技方具有先进的技术（服务）优势，但缺少创业资金引入风险投资者（投资方）。科技方具有冒险偏好、投资方具有投资偏好，偏好不同导致彼此对控制权和收益权的关注度不同，此时控制权可分为绝对控制权、战略控制权，同理收益权可分为绝对收益权、战略收益权。A4、A5 联结为次要范畴"b2 多边控制权、多边收益权发生变化（绝对控制权、战略收益权发生变化）"，在天使轮融资后，投资方的进入打破了科技方单一对企业控制的局面，即投资方开始定向与科技方合作。科技方由于对技术研发的现状最了解，拥有绝对控制权较大，基于对产品研发的深入让企业发展有足够期望，即对企业的战略控制权较大。产品未来的发展让科技方拥有较大的战略收益权，因此，科技方队此时处于干劲儿十足期。此时，由于投资方资金的进入，激活了科技方活力，基于投资偏好投资方选择支持科技方的研发，在绝对控制权、战略控制权、绝对收益权与战略控制权均较小。A6、A7、A8 联结为次要范畴"b3 多边控制权、多边收益权发生变化（绝对控制权、战略控制权、战略收益权发生变化）"。在进入扩股阶段之前（无其他第三方投资者增资扩股、无其他第三方投资者股权转让），第三方投资者融资前的前期科技方的研发需要持续的资金投入，为了让投资方继续投资，科技方愿意让渡已有的绝对控制权、战略收益权给投资方，即科技方开始定向与投资方合作。投资方通过绝对控制权可以详细了解研发产品的细节过程与参数，进而判定是否继续投资或投资后将获得较多战略收益权。但多数科技方都会选择以高低股（A、B 股）或者期权（3~4 年为周期）的股权比例设计防止投资方了解产品详细资料后退出，避免导致创业失败。A9、A10 联结次要范畴"b4 单边控制权、多边收益权不变化（绝对控制权、战略控制权发生变化）"，第三方投资者融资前的中期，科技方的产品已走向成熟期，科技方拥有较大的绝对控制权、战略控制权大，而且研发产品每一次优化都会带来战略收益权的变化，即科技方开始调整与投资方的合作方式。此时，投资方再次大额资金的进入让科技方用成熟的技术让彼此建立可调合作，科技方让投资方深入了解新技术，双方产生知识流动。投资方开始与科技方就产品未来发展进行深入讨论，即投资方开始调整与科技方的合作方式，投资方重点关注资金投入战略收益的情况，拥有较大战略收益权。A11、A12、A13 联结为次要范畴"b5 单边控制权、多边收益权发生变化（绝对控制权、战略控制权与绝对收益权发生变化）"，第三方投资者融资前的后期，投资方发现科技方的商业模式已可复制，愿意投更多资金来支持科技方的发展，由于即将投入的资金额巨大（第三方），投资方需拥有较大的绝对控制权、较大的绝对收益权，即投资方开始与科技方进行有效合作。此时，科技方在等待市场规模的扩大，期待科技型企业越来越成熟，所以拥有较大的战略控制权，即科技方开始与投资方进行有效合作。由于较大的绝对收益在投资方手里，科技方仍然担心投资方"见好就收"，继续通过股权（可转换股权、可转换期权）的设计来最终控制核心产品，避免导致前功尽弃。A14、A15 联结为次要范畴"b6 控制权、收益权变化的影响力"，科技方因为控制权、收益权变化而使双方合作顺利，让走向创业成功，吸引更多投资方进入、企业获得快速发展。

反复比较可知，b1 的提取是指：具有冒险精神的科技方为了实现创业，与具有风投精神的投资方一拍即合。投资方一旦进入企业，科技方与投资方之间就控制权、收益权大小而发生"争夺"，为控制权、收益权的变化（出现、消失）规划了范围，因此，本部分将次要范畴 b1 整合成为主要范畴"B1 控制权、收益权变化（权变）的边界"。

b2、b3 的提取是指：科技方在天使融资后，科技型企业的控制权、收益权受到科技方与投资方的影响，从而划分为绝对控制权、战略控制权与绝对收益权、战略收益权。除了绝对收益权未发生变化，其他控制权、收益权大小均发生变化，这种变化在科技型企业中产生一种创新激励刺激科技方持续创新、投资方继续投资，出现多边控制权、多边收益权设计机制，控制权与收益权不断变化使科技方、投资方形成"定向合作逻辑"，定向合作保障了科技方创业失败的风险。因此，本部分将次要范畴 b2、b3 整合成为主要范畴"B2 控制权、收益权变化（权变）的频率"。b4、b5 的提取是指：科技方在第三方投资者融资前的中后期，基于企业可验证的商业模式（市场占有率的变化）、投资者大量资金的进入将分别影响科技型企业中绝对控制权、战略控制权与绝对收益权的大小变化，每一次绝对控制权、战略控制权与绝对收益权的变化将给企业中带来一种创新激励，刺激双方合作越来越成熟（默契），出现单边控制权、多边收益权设计机制，控制权与收益权不断的变化使科技方、投资方形成"可调合作逻辑"，可调合作保障了投资方与科技方双方收益实现共赢。因此，本部分将次要范畴 b4、b5 整合成为主要范畴"B3 控制权、收益权变化（权变）的精准度"。b6 的提取是指：其他投资方、科技方由于不同时机权变设计带来的"抗风险、共赢"的"有效合作逻辑"获得了同行业认可，因此，本部分将次要范畴 b6 整合成为主要范畴"B4 控制权、收益权变化（权变）的振幅"。

3. 选择性编码

选择性编码是扎根理论中的关键环节。对主轴编码所发现的概念范畴进行系统分析，将确定的核心范畴归类到编码中（Corbin & Stauss，1990）。在此编码过程中，主要采用故事线的方式或者多位专家背靠背的方式进行编码（奉小斌，2012）。

运用故事线内在逻辑的方式进行编码，对分时权变特征的逻辑结构进行自然呈现。科技型企业之所以要进行分时权变设计，是保障科技方创业失败风险、实现投资方高回报所采用的策略和应对方式，也是企业适应动态市场变化的一种需要。其故事脉络是这样的：在国家号召"大众创新、万众创业"的指挥下，科技型企业中科技方与投资方如何好利用各自的优势资源，在优势资源转换的刺激下出现创新激励，避免创业失败，逐渐形成"开始创业→有效合作→快速成长"新路径。分时权变的设计情景下，投资方各阶段资金进入科技型企业后，促进科技方持续技术研发为主逻辑，通过控制权、收益权的切换产生创新激励，刺激双方的隐性知识显性化，从而构建科技型企业中双方股东"契约合作→定向合作→可调合作→有效合作"全新的合作关系。最后，当有其他投资者加入合作关系时，最终实现 1（科技方）＋X（投资方）＝IPO，即让风投机构（投资方）回报更高、让技术研发团队（科技方）技术落地，最终实现快速发展直到 IPO。上述整个故事脉络充分勾勒并展现了分时权变设计下重构了风险协调机制、利益分配机制的形成过程，厘清了分时权变特征的维度，如图 4-1 所示。

4.2.5 研究结论

本章遵循扎根理论研究的逻辑，按照"理论饱和"抽样原则，对"分时权变"理论进行了抽样研究。总体上，取得如下成果：

（1）挖掘了分时权变（TSRT）特征的维度，解析了其特征维度构成：分时权变的权变边界、权变频率、权变精准度与权变振幅。这四个核心范畴在科技型企业成长过程中具有内在的结构特征，并且分时权变的权变边界包含一个特征维度（次要范畴）：控制权、收益权变化的出现（消失）。权变的频率包含两个特征维度（次要范畴）：多

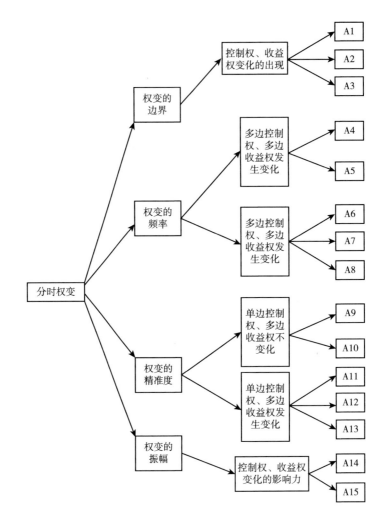

图 4-1 选择性编码结构图

资料来源：笔者绘制。

边控制权、多边收益权发生变化（绝对控制权、战略收益权发生变化）；多边控制权、多边收益权发生变化（绝对控制权、战略控制权、战略收益权发生变化）。权变的精准度包含两个特征维度（次要范畴）：单边控制权、多边收益权不变化（绝对控制权、战略控制权发生变化）；单边控制权、多边收益权发生变化（绝对控制权、战略控制权与绝对收益权发生变化）。权变的振幅包含一个特征维度（次要范畴）：控制权、收益权变化的影响力。

（2）本章通过扎根理论所挖掘出来的分时权变特征与权变理论、两权分离理论是有所区别的，它是以上这些理论的创新与进一步细化。通过对国家级高新区中科技型企业、投资者的访谈和调查，提炼出分时权变特征的维度具有一定的情景适用性，更符合我国科技型企业的特色。

（3）关于分时权变的相关研究较少，本章对其特征维度的开发对分时权变的理论研究有推进作用。本章通过扎根理论方法所精炼的分时权变特征的维度符合扎根研究的规范流程。同时，通过与既有文献和资料的对比分析，所得到的结论与现有理论成果有着较高的契合度，从而确保了研究结果的可信性。

4.3　量表检查与数理检验

本书严格按照扎根理论方法的要求，依次经过三级编码，提炼出了分时权变特征，初步明晰了其各个子维度的含义。帕里（Parry，1998）、王海花和谢富纪（2015）提出，扎根理论是社会科学定性研究中非常重要的研究方法。通过调研和探索科技型企业实际运营现象，逐步构建理论的过程，直到理论饱和，在构建理论的过程中，由于访谈和搜集资料等技术限制，加之编码过程受主观因素的制约，导致扎根理论存在一定的局限。基于此，需要充分发挥质性和量化两种方法结合运用的优势，对扎根方法得来的特征维度进行检验，使其维度的构成更有效、更可信（Stauss & Corbin，1990）。

通过扎根理论，本章提出了分时权变特征方维度，共包含四个特征维度。接下来对量表进行题项检查，然后将通过小范围的问卷调查来收集数据，并运用统计研究等方法对分时权变特征的维度进行分析，开发出了衡量分时权变的量表。

4.3.1　量表题项检查

本部分将借鉴著名学者丘吉尔和吉尔伯（Churchill & Gilbert, 1979）提出的量表开发流程，并结合数理统计方法来开发并预测量表。前文利用跨案例的扎根三级编码后形成初始量表的题项，接下来将以以下三个关键步骤来检验量表的题项。第一步，对已获得的题项进行检查分析。课题组成员对每个题项与概念的配程度以及每个题项与对应特征维度的相关性等开展自我检查，即完成文本检查。第二步，请多个同行专家对每个题项的相关性、准确性与简洁性进行评价，即完成逻辑检查。第三步，预调研，将经过检查的量表通过问卷调查的形式发放给小范围内的实践经营工作者，预调研后进一步完善并规范量表。

目前，已有研究中关于分时权变的文献相对较少，更没有成熟的测量量表可以直接引用，因此对这样一个新构想的量表开发，存在一定的难度。本部分主要根据企业访谈所得信息，通过扎根理论所提炼的概念并抽取的特征维度进行表征。同时，借鉴了前人关于企业控制权转变、投资回报的研究观点以及相关测量量表。严格按照开发量表的规范流程进行操作，以确保开发的量表具有较高的稳定性和有效性。对预测试量表进行编制，在参考已有文献以及扎根理论成果基础上确定初始的测量题项，对照分时权变的四个特征维度，共确定了 19 个初始测量题项，具体内容见表 4 - 4。

表 4－4　　　　　**分时权变的量表初始题项及其来源分析**

编号	测量题项	来源
1	由于新技术（服务）的优势明显，在科技型企业中科技方以新技术按照初定契约入股，属于契约入股	博塔齐等（Botazzi et al.，2008）；基于扎根理论研究结论编写
2	由于投资者的资金雄厚，在科技型企业中投资方以资金方式按照初定契约入股，属于契约入股	
3	股东双方关注新技术、投资回报的控制权、收益权，初定契约合作开始	
4	投资方与科技方经常开会沟通投资情况	
5	研发起步阶段，科技方绝对控制权大、战略控制权大；战略收益权大、绝对收益权小，实施定向合作	乔治等（George et al.，2006）；吉恩等（2008）；基于扎根理论研究结论编写
6	研发起步阶段，投资方绝对控制权小、战略控制权小；战略收益权小、绝对收益权小，实施定向合作	
7	为了鼓励投资方投资，科技方绝对控制权小（战略控制权大）、战略收益权小（绝对收益权小），实施定向合作	
8	投入资金后，投资方绝对控制权大（战略控制权小）、战略收益权大（绝对收益权小），实施定向合作	
9	不同的股权设计，让科技方的战略控制权大于投资方的绝对控制权，实现让科技方实质掌握企业，实施定向合作	
10	投资方的退出不会给科技方带来任何损失，定向合作消失	
11	产品商业模式初成，科技方绝对控制权大、战略控制权大；绝对收益权小、战略收益权大，实施可调合作	王雷等（2010）；维杰·耶拉米利（Vijay Yerramilli，2006，2011）；基于扎根理论研究结论编写
12	产品商业模式初成，投资方绝对控制权小、战略控制权小；绝对收益权小、战略收益权大，实施可调合作	
13	为了提升市场占有率，投资方绝对控制权大、战略控制权小；绝对收益权大、战略收益权小，实施可调合作	
14	为了提升市场占有率，科技方绝对控制权小、战略控制权大；绝对收益权小、战略收益权小，实施可调合作	
15	不同的股权设计，让科技方战略控制权大于投资方绝对控制权，实现与投资方共同发展，实施可调合作	
16	科技方已经具备独立发展的能力，可调合作消失	

续表

编号	测量题项	来源
17	科技型企业的快速发展，吸引更多投资方加入，合作被其他投资方认为是有效的	基于扎根理论研究结论编写
18	科技方将企业快速发展的经验告诉其他同类企业	
19	行业对企业认同度提升，合作被行业认为是有效的	

资料来源：笔者整理。

量表题项的文本检查。在初始测量题项的基础上，对开发的量表题项的文本进行检查，保证量表的内容效度。与相关领域的专家对初始量表进行探讨，并就本书提出的分时权变概念进行了详细的解释，在此基础之上，就问卷题项的语言和结构进行修订，剔除了一些语义不清或者区分度较低的题目与避免使用生僻或专业性太强的词汇，使得其更加符合权变的情境。如此反复，得到关于分时权变的 17 个题项（剔除编号 4、编号 18）的问卷，其中，权变的边界3 个题项、权变的频率 6 个题项、权变的精准度 6 个题项、权变的振幅 2 个题项。

量表题项的逻辑检查。按照量表优化策略，笔者邀请了一位重庆大学技术经济与管理专业的博士后、两位西南大学企业管理方向的教授对量表内容进行了初筛，通过改变内容逻辑性，提升量表的内容效度。以上学者对量表校正与筛选工作主要遵循以下三个标准：第一，扎根理论编码而获得的题项应该符合阅读者的习惯表达；第二，每个题项能够确保内容表达清楚、通俗易懂；第三，每个题项表意明确、意思无交集、能否反映出对应特征维度的内涵，不存在多重语义。基于此，对本部分进行了归类，见表 4 - 5，得出了需要修改的题项。由于本部分量表中的题项是围绕"科技型企业中分时权变"而设计的，为了让量表的回答更准确、逻辑更清晰，故在作答之前根据专家的意见给出 2 个"说明性问题"，从而有效地加强了问卷的第一部分题项。

表 4 – 5　　　　　　　　　　　题项存在问题的归类表

可能存在的问题	题项编号
用词有待改进、令人费解或误解的题项	1、6、7
意思可能有交集的题项	3、4、10、15

资料来源：笔者整理。

　　对以上存在问题的题项进行了修改后，再次请上述专家进行了逻辑复审，均获得了一致认可。因此，最终形成了分时权变量表。对量表进行了重新编号后，形成了量表的最终题项，见表 4 – 6。

表 4 – 6　　　　　　　　　　　分时权变量表题项

编号	测量题项
1	科技型企业的控制权（收益权）主要包括绝对控制权（收益权）、战略控制权（收益权），以股东持股情况（数量）衡量大小，投资方以出资金额契约入股、科技方以新技术契约入股
2	股东关注科技型企业的控制权、收益权，契约合作
3	技术研发阶段，科技方绝对控制权大、战略控制权大；战略收益权大、绝对收益权小，实施定向合作
4	技术研发阶段，投资方绝对控制权小、战略控制权小；战略收益权小、绝对收益权小，实施定向合作
5	保障企业创业（鼓励投资），科技方绝对控制权小（战略控制权大）、战略收益权小（绝对收益权小），实施定向合作
6	保障企业创业（资金进入），投资方绝对控制权大（战略控制权小）、战略收益权大（绝对收益权小），通过股权设计保障科技方战略控制权大于投资方绝对控制权，实施定向合作
7	产品商业模式初成，科技方绝对控制权大（战略控制权大）、绝对收益权小（战略收益权大），实施可调合作
8	产品商业模式初成，投资方绝对控制权小（战略控制权小）、绝对收益权小（战略收益权大），实施可调合作
9	为了提升市场占有率（鼓励投资），科技方绝对控制权小（战略控制权大）、绝对收益权小（战略收益权小），实施可调合作
10	为了提升市场占有率（鼓励投资），投资方绝对控制权大（战略控制权小）、绝对收益权大（战略收益权小），通过股权设计保障科技方战略控制权大于投资方绝对控制权，实施可调合作

编号	测量题项
11	科技企业的快速发展，吸引更多投资方加入，合作被其他投资方认为是有效的
12	行业机构看好企业的前景，合作被行业认为是有效的

注：绝对控制（收益）权主要是股东的股权大小，当股权比例＞67％时，即为绝对控制（收益）。战略控制（收益）权是相较于绝对控制（收益）权而出现的，主要是指从科技型企业战略管理的角度出发股东可以通过小比例股权控制保护企业发生意外情况，即常见期权、特殊管理股、资金池等，有的拥有一票否决权。

资料来源：笔者整理。

4.3.2 预调研

预调研主要针对前文所提炼出的量表的题项，拟通过预调研的结果进一步验证量表的题项。由前文可知，量表所涉及的题项拟用李克特五级量表。通过采用初步访谈、题项调整、问卷发放的三步骤保证收集数据的合理性。为了更好地完成量表设计，现将预调研涉及几个概念介绍如下：

1. 两江新区

"十三五"期间，重庆两江新区提出了构建"311"产业体系，即两江新区预计在"311"产业体系中，继续优化提升三大优势支柱产业：汽车产业实现产值5000亿元；电子信息产业实现产值3000亿元；装备制造业实现产值1500亿元。培育壮大十大战略性新兴产业：新能源及智能汽车实现产值1000亿元；电子核心部件实现产值800亿元；云计算及物联网、可穿戴设备及智能终端、通用航空、生物医药及医疗器械分别实现产值300亿元；机器人及智能装备、能源装备、节能环保、新材料分别实现产值200亿元。基于重庆两江新区的区域位置与过去几年中经济发展的突出成绩，本部分将对新区的部分企业展开与本研究主题相关的走访与调研。

2. 科技型企业

科技型企业指由科技研发人员创办，主要从事高新技术产品的科学研究、研制、转化等科技型经济实体。简言之，科技型企业是以高科技创新为使命和生存手段的企业。

结合前文对重庆两江新区的代表性、科技型企业的界定，本部分将量表题项的预调研选在重庆两江新区内 30 多家科技型企业、风投机构，对它们的中层干部、业务骨干进行主题调研与数据收集，经过近 20 天的多次走访，获得了 150 份问卷，剔除那些明显有问题的，余下有效问卷 132 份。对有效问卷逐一再次分析，我们发现企业工作人员针对量表中大部分题项能较好地回答。但有两点需要注意：第一，量表设计将关注点落脚分时权变出现上，部分回答者对权变的意识比较模糊；第二，一部分高管认同企业创新经营是源自权利变化，但是具体变化股权情况（股东权利）比较模糊。所以导致大多数企业人员对权变的理解不够准确，即理解为广义上管理激励与投资收益的变化。

4.3.3　量表信效度检验

本部分通过人文社科中主流的研究工具 SPSS24.0 对前面搜集的数据开展定量分析，从而检查量表信度、效度的科学性。

1. 信度检查

本次主要检验出现分时权变的量表题项，即对涉及题项开展信度检查，为了表达题项之间的关系是否测量了相同的内容或特质，反映测试题项内部一致性，信度检验的主流指标采用 Cronbach's α 系数。关于 Cronbach's α 系数，本书利用 SPSS24.0 获取了形成分时权变总体量表的 Cronbach's α 系数，见表 4-7；形成分时权变量表的题项 Cronbach's α

系数，见表 4 - 8。

表 4 - 7   量表总体的 Cronbach's α 系数表

潜变量	显变量的数量	Cronbach's α
控制权、收益权（绝对、战略）变化的出现	12	0.885
多边控制权、多边收益权发生变化（绝对控制权、战略收益权发生变化）		
多边控制权、多边收益权发生变化（绝对控制权、战略控制权、战略收益权发生变化）		
单边控制权、多边收益权不变化（绝对控制权、战略控制权发生变化）		
单边控制权、多边收益权发生变化（绝对控制权、战略控制权与绝对收益权发生变化）		
控制权、收益权变化的影响力		

资料来源：以上数据均由 SPSS24.0 获取。

表 4 - 8   量表题项的 Cronbach's α 系数表

潜变量	显变量	Cronbach's α
控制权、收益权（绝对、战略）变化的出现	题项 1	0.916
	题项 2	
多边控制权、多边收益权发生变化（绝对控制权、战略控制权、战略收益权发生变化）	题项 3	0.903
	题项 4	
多边控制权、多边收益权发生变化（绝对控制权、战略控制权、战略收益权发生变化）	题项 5	
	题项 6	
单边控制权、多边收益权不变化（绝对控制权、战略控制权发生变化）	题项 7	0.922
	题项 8	
单边控制权、多边收益权发生变化（绝对控制权、战略控制权与绝对收益权发生变化）	题项 9	
	题项 10	
控制权、收益权变化的影响力	题项 11	0.841
	题项 12	

资料来源：以上数据均由 SPSS24.0 获取。

关于 Cronbach's α 系数，本书利用 SPSS24.0 获取问卷中每组题项 Cronbach's α 系数，见表 4 - 8。李玉梅等（2016）指出 Cronbach's α 的

值在 0.6 ~ 0.9 间信度相当好；值大于 0.9 表示信度非常好。由表 4.7、表 4.8 可知，分时权变量表总体的信度检验与题项信度的信度检验均在 0.7 ~ 0.9 间。综上可知，新量表通过信度检查。

2. 效度检查

预调研中的样本数据，然后进行 KMO 和 Bartlett 球体检验与因子分析，KMO 值为 0.814、Bartlett 球体检验的值均满足条件，见表 4 - 9。允许探索因子分析（exploratory factor analysis，EFA）检验，见表 4 - 10。由表 4 - 10 可知，"分时权变"分量表中权变的边界（right turn boundary，RTB）、权变的频率（right turn frequency，RTF）、权变的精准度（right turn accuracy，RTA）和权变的振幅（right turn amplitude，RTA）的因子载荷（factors loading）值大于（接近）0.70，说明问卷中"分时权变"的结构效度比较好。本部分量表设计比较合理，其主要表现在以下三个方面：第一，所描述的权变的边界（RTB）、权变的频率（RTF）、权变的精准度（RTA）和权变的振幅（RTA）的题项共同度（communalities）值均小于 1，见表 4 - 11，即说明本部分问卷涉及题项的相关性较高；第二，本征值大于 1，见表 4 - 12，说明权变的边界（RTB）、权变的频率（RTF）、权变的精准度（RTA）和权变的振幅（RTA）的题项中可提取四个特征因子；第三，四个特征因子的题项可累积解释高于 80.00% 有关"分时权变"分量的情况。基于以上三点，本部分认为预调研中所收集的数据符合效度检查。

表 4 - 9　　　　分时权变的 KMO 与 Bartlett 球体检验表

KMO		0.782
Bartlett 球体检验	卡方近似值	1215.573
	自由度	66
	显著性	0.000

资料来源：由作者根据 SPSS24.0 整理。

表 4 - 10 分时权变的因子载荷

分时权变		1	2	3	4
权变的边界	题项 1	0.140	0.184	0.931	0.081
	题项 2	0.144	0.269	0.909	0.017
权变的频率	题项 3	0.217	0.656	0.210	0.007
	题项 4	0.274	0.873	0.137	0.145
	题项 5	0.254	0.894	0.077	0.090
	题项 6	0.188	0.873	0.227	0.075
权变的精准度	题项 7	0.813	0.290	0.039	0.149
	题项 8	0.886	0.261	0.075	0.109
	题项 9	0.899	0.191	0.125	0.055
	题项 10	0.845	0.194	0.188	0.032
权变的振幅	题项 11	0.052	0.102	0.028	0.920
	题项 12	0.110	0.071	0.059	0.917

资料来源：笔者根据 SPSS24.0 整理。

表 4 - 11 分时权变的共同度值

分时权变	Initial	Extraction
科技型企业的控制权（收益权）主要包括绝对控制权（收益权）、战略控制权（收益权），以股东持股情况（数量）衡量大小，投资方以出资金额约入股、科技方以新技术契约入股	1.000	0.926
股东关注科技型企业的控制权、收益权，契约合作	1.000	0.919
技术研发阶段，科技方绝对控制权大、战略控制权大；战略收益权大、绝对收益权小，实施定向合作	1.000	0.521
技术研发阶段，投资方绝对控制权小、战略控制权小；战略收益权小、绝对收益权小，实施定向合作	1.000	0.877
保障企业创业（鼓励投资），科技方绝对控制权小（战略控制权大）、战略收益权小（绝对收益权小），实施定向合作	1.000	0.877
保障企业创业（资金进入），投资方绝对控制权大（战略控制权小）、战略收益权大（绝对收益权小），通过股权设计保障科技方战略控制权大于投资方绝对控制权，实施定向合作	1.000	0.854
产品商业模式初成，科技方绝对控制权大（战略控制权大）、绝对收益权小（战略收益权大），实施可调合作	1.000	0.768

续表

分时权变	Initial	Extraction
产品商业模式初成,投资方绝对控制权小(战略控制权小)、绝对收益权小(战略收益权大),实施可调合作	1.000	0.871
为了提升市场占有率(鼓励投资),科技方绝对控制权小(战略控制权大)、绝对收益权小(战略收益权小),实施可调合作	1.000	0.863
为了提升市场占有率(鼓励投资),投资方绝对控制权大(战略控制权小)、绝对收益权大(战略收益权小),通过股权设计保障科技方战略控制权大于投资方绝对控制权,实施可调合作	1.000	0.787
科技方的持续创新发展,吸引更多投资方加入,合作被其他投资方认为是有效的	1.000	0.861
行业机构看好企业的前景,合作被行业认为是有效的	1.000	0.862

注:"Initial"栏是当所有成分都纳入时,每个变量变异被解释的程度为 1.000,即 100% 被解释;而"Extraction"栏是只保留选中的成分时,变量变异被解释的程度。下表同。

资料来源:笔者根据 SPSS24.0 整理。

表 4 – 12 　　　　　　　　 分时权变的 EFA 检验值

分时权变	特征值	方差	α
权变的边界	5.456	45.470	0.916
权变的频率	1.661	13.840	0.903
权变的精准度	1.624	13.532	0.922
权变的振幅	1.245	10.378	0.841

资料来源:以上数据均由 SPSS24.0 获取。

综上所述,通过对重庆两江新区的科技型企业预调研获得的数据进行统计分析可知,分时权变量表通过了信度检验、效度检验,求证了本部分所开发出的全新量表是可信、有效的,从而完成了对分时权变量表的数理检验。

4.4　小结

本章基于扎根理论与文献资料查阅,提炼了衡量分时权变的量表。

量表包括六个特征维度（共计 19 个初始题项）：控制权、收益权变化的出现；多边控制权、多边收益权发生变化（绝对控制权、战略收益权发生变化）；多边控制权、多边收益权发生变化（绝对控制权、战略控制权、战略收益权发生变化）；单边控制权、多边收益权不变化（绝对控制权、战略控制权发生变化）；单边控制权、多边收益权发生变化（绝对控制权、战略控制权与绝对收益权发生变化）；控制权、收益权变化的影响力。通过量表题项检查、预调研与数理检验，获得了衡量分时权变量表的题项（共计 12 个最终题项）。虽然从扎根编码中提取了衡量分时权变的量表，但分时权变在智慧市场与合伙机制之间的逻辑关系还需进一步探索。因此，本部分量表的开发为后续研究它们的作用关系奠定了重要的基础。

第5章 分时权变中介效应：股东股权比例与合作机制的实证研究

第4章对典型科技型企业的快速发展进行扎根分析，通过三级编码探索了分时权变的特征维度，从而开发了衡量分时权变的量表。为了进一步深挖股东股权比例变化与合作机制的影响因素，本章引入分时权变这一重要视角，利用前文所得量表，运用调查法对成渝地区科技型企业展开实证分析。通过实证分析①厘清分时权变在股东股权比例与合作机制之间的逻辑关系。本章的主要贡献点主要有以下几点：第一，基于相关研究构建了股东股权比例、分时权变与合作机制的理论模型并在科技型企业中完成定量分析；第二，求证了模型中分时权变在股东股权比例与合作机制之间起中介作用，通过对中介作用的分析揭开了分时权变在股东股权比例、合作机制之间的逻辑机理。

---

① 实证分析是指排除主观价值判断，只对经济现象、经济行为或经济活动及其发展趋势做客观分析，只考虑经济事物间相互联系的规律，并根据这些规律来分析和预测经济行为的效果。

5.1 研究假设的提出

5.1.1 科技型企业股东股权比例与合作机制的假设提出

关于股东股权比例对合作机制的影响，学者们开展了不少研究。关鑫和齐晓飞（2015）根据中国上市公司股权结构特征，分别提出并讨论了不同股权结构下股东间合作机制的类型和主要特征。研究发现，股东间的合作是由经济因素、制度因素等因素共同决定的。这些因素将动态地达到一种均衡状态，该状态的出现靠的是股东股权比例的不断变化。各类股东对控制权的拥有抱有极大渴望，合理配置控制权可增加合作方式，而控制权的配置取决于初始谈判与产出弹性的关系（张根明和杨思涵，2017）。在创新型企业中，股东股权比例影响企业内的合作关系，徐刚和花冰倩（2016）重点聚焦创新型企业和风险投资机构行为选择和合作关系建立的过程，通过验证得到股东股权比例、投资量、收益率等关键因素对双方演化稳定状态具有一定影响，即投资方股东以资金优势持股获得收益权，通过调整持股情况创新激励科技方股东技术研发创新，实现合作（可调合作）。此时，科技方股东与投资方股东共同共享企业利益增长，股权比例的变化使股东双方对合作收益共赢有了重新认识。申通远和朱玉杰（2018）研究发现，市场结构因素与股权集中度、机构持股与股东控股、管理层股权与薪酬激励以及董事会规模与独立性等公司治理因素对企业在合作中的地位、参与外部合作的深度和广度有着复杂的影响。各类股东间（包括科技方股东、投资方股东）通过持股情况的变化实现合作（定向合作），保障企业风险。科技型企业中，科技方通过技术实力参与初始谈判，在技术不断产出中确认持股情况（股权比例），然后进一步确认技术入股的技术价值，即科技方股东以技术优势持股获得控制权，通过调整持股情况创新激励投资方股东与其实现合作（定向合作），在合作中投资方股东与科技方股东共同关注企业技术研发，股权比例的变化使股东双方对合作风险共担有了重新认识。同理，股东间的可调合作影响收益情况，股东股权比例的变化使股东双方对收益共赢有了重新认识。因此，股东股权比例的变化带来股东间的有效合作，将改变决策效率，合作机制形成。

综上所述，股东股权比例的变化改变股东合作关系，在定向合作（可调合作）中股东对风险共担、收益共赢有重新认识，有效的合作使股东决策效率发生变化，即股东股权比例的相对变化（较初期契约）对股东合作机制形成有积极影响。由此，提出如下假设：

H1：科技型企业中股东股权比例的相对变化越大（较初期契约比例值）越可能促进合作机制实现。

5.1.2　科技型企业股东股权比例与分时权变的假设提出

股权结构理论、权变理论为股东股权比例对分时权变的影响提供了有效支撑。根据分时权变的内涵可知，企业控制权与收益权会根据时间（时机）切换（权变）而出现创新激励，但分时权变与哪些因素有关呢？股东股权比例是如何影响分时权变的？接下来将进行深度剖析。

李姚矿等（2008）基于科技型企业的特点与风险投资者对企业发展的乐观程度，对实物期权模型的参数模糊化，提出了适合科技型企业价值评估的模糊实物期权定价模型。在科技型企业中，投资方股东股权比例的变化将影响企业价值评估。徐刚和花冰倩（2016）认为，创新型企业中的风投（投资）机构都应当充分提高自身实力和水平，扩大资源依赖性所带来的相互吸引力效应，重视维护合作关系的持久性。资源依赖性下，投资方股东通过持股情况的变化扩大了原有的经营边界（激励科技方股东为了实现成就不断技术研发），为建立可调合作创造有效条件。金桂荣和赵辰（2016）通过实证研究发现，科技型企业的资本结构与静态企业价值之间存在倒"U"型关系，倒"U"型关系的出现反映了企业中不同股东终能找到最优结构理论值。因此，科技方股东也可通过调整股权比例扩大原有经营边界（吸引投资方股东为了获得更多利润而继续投资），为建立定向合作创造条件。杨瑞龙等（2017）将制度细化为契约制度和产权制度，结果发现产权制度本身对中小企业风险承担水平的提高作用更加明显；制度对于社会冲突对企业风险承担负向冲击的缓解作用在民营企业中更显著。风险共担是企业股东网的核心，股东通过股权比例的变化构建合作关系来保障经营风险，而股东扩大了原有经营边界，构建了有效的合作方式（杨瑞龙和周业安，1998）。综上所述，投资方股东、科技方股东可通过股权比例的相对变化（较近一次比例值）扩大股东经营的边界、改变权变的边界，股东权变边界的改变使股东间资源发生流动，创新激励合作进而形成丰富有效的合作（焦点集）。由此，提出如下假设：

H2a：科技型企业股东股权比例的相对变化（较近一次比例值）越大越可能改变股东权变的边界，形成有效合作。

股东合作网络的焦点集具有相对性，即测量股东在相对完整的合作关系网中所处的位置是核心还是边缘。在合作关系中的核心位置，不仅股东拥有丰富的外部关系（较高的焦点集），股东间也会发生显著的交往，形成全新的合作（Anne Laure，2011）。权变理论指出，一些股东会深入接触新技术业务领域，以掌握投资动态、开发全新的服务。此时，股权比例源自科技方股东（投资方股东）通过股权比例的变化所带来的彼此互动，互动中使科技方股东技术研发不断创新、投资方股东收益最大，出现创新激励，股东产生有效合作（定向合作与可调合作的互动）。程露等（2018）在对国内外知识搜索战略和合作伙伴选择偏好相关研究进行梳理的基础上，形成"搜索范围划分—合作伙伴选择—联系形成"的研究逻辑，这一研究逻辑受到搜索效率影响。从完整的合作关系来看，股东股权比例变化带来的权变频率的变化受到股东所在核心位置聚集密度的影响。股权比例变化较大的科技方股东利用技术壁垒使其所在核心位置聚焦密度大，即向定向合作靠拢；同理，股权比例变化较大的投资方股东利用资金优势使其所在核心位置聚焦密度大，即向可调合作靠拢。詹坤等（2018）指出，应该重视合作网络结构对创新能力的作用，加强组织学习和跨界搜索，充分利用网络效应，实现开放式创新与价值创造。由合作关系网属性可知，股权比例相对变化越大（较近一次比例值）的股东通过技术不断创新（资金不断投入）影响股东的权变频率。权变频率变化的背后是股东间资源的新变化，创新激励股东向有效合作的核心位置靠拢（核心集）。由此，本文提出如下假设：

H2b：科技型企业股东股权比例的相对变化（较近一次比例值）越大越可能改变股东权变的频率，形成有效合作。

影响分时权变的另一个关键特征是权变洞。伯特（Burt，2004）认为，在社交网络中个体的位置不仅取决于网络中相对位置，还取决于与其他社交个体的绝对位置，即结构洞。将结构洞的核心思想应用于企业中股东所处的合作经营关系位置中，即权变洞（Ahuja，2000）。两权分离理论指出，无论是资本的所有者还是运作者都是为了实现最大化的收益。由股权激励理论、两权分离理论可知，拥有较多股权比例变化的股东与其他股东在收益共赢、风险共担情况上产生了互动，出现创新激励，进而使权变更精准。瞿孙平等（2018）认为，组织搜索行为的"先本地后非本地的就近原则"将产生搜索距离效应。权变精准度使股东在有效合作关系网中更容易占据绝对位置（权变洞），从而获得各项权利的主导。陈雷和武宪云（2019）指出，知识搜索是进行创新行为的重要过程，技术研发人员（科技方股东）通过股权比例的变化，实现定向合作，完成权利的精准切换，占有权变洞。为了摆脱合作关系中不利的绝对位置，投资方股东通过股权比例的变化实现可调合作，完成权利的精准切换，挤进合作关系网中的绝对位置。因此，股权比例相对变化（较近一次比例值）越大的股东越可能基于风险共担、收益共赢的解决方案提升权变的精准度，权变精准度的变化使股东间展开有效合作，资源发生新变化，创新激励股东，进而在有效的合作关系网中的占有绝对地位（占据更多的权变洞）。由此，提出如下假设：

H2c：科技型企业股东股权比例的相对变化（较近一次比例值）越大越可能改变股东权变的精准度，形成有效合作。

敏捷制造（agile manufacturing）源自企业面对市场需求多变而做出的快速反应。敏捷制造指出，新产品投放市场的速度决定了企业的竞争优势，成功新产品需将分布在不同企业中的不同资源（人力资源、物资资源）随意整合，依靠信息技术手段将它们联系在一起，即虚拟企业（Gupta & Nagi，1995）。虚拟企业是集信息技术与资源整合于一体，通过彼此建立共同的经营组织迅速地适应市场变化。奉小斌（2016）认为，信息技术是在创造过程中对技术研发的重构过程。IT能力较高的科技方股东与投资方股东利用信息技术资源产生互动，资源流动，出现有效的合作方式，倒逼了权变更敏捷。市场中信息资源能力较高的股东由于股权比例的变化实现技术资源流动，刺激股东间使权变振幅（影响）变化，形成定向合作或者可调合作。因此，信息技术资源较高的股东通过股权比例的相对变化（较近一次比例值）调整权变振幅，权变振幅的变化使股东间出现创新激励，进而使股东产生有效合作方式，敏捷处理市场中需求多变的情况（敏捷性）。由此，提出如下假设：

H2d：科技型企业股东股权比例的相对变化（较近一次比例值）越大越可能改变股东权变的振幅，形成有效合作。

5.1.3 科技型企业分时权变与合作机制的假设提出

权变边界（焦点集）、权变频率（核心集）、权变精准度（权变洞）、权变振幅（敏捷性）等特征为进一步分析分时权变提供了新视野。焦点集是分时权变特征的重要要素，它通过合作股东数量来判断合作关系（网）的丰富程度。合作关系越丰富，股东能够获取信息的空间就越大（Nikghadam et al.，2016）。权变理论指出，在适应新的环境中，股东会对组织变化进行差异化重组，建立相关专业的子系统或新组合。曾靖珂和李垣（2018）提出，在内部创新的基础上打开股东边界，引进外部创新资源和要素，通过协调内外部资源和能力，创新建立战略联盟（合作）。股东间通过建立"通风管道"，完成有效合作（定向合作、可调合作）。达兰德等（Dahlander et al.，2016）认为，"通风管道"在股东间搭建起"互联互通"的桥梁，股东间的桥梁形成的创新资源（召集股东会、利润分配或亏损弥补方案、修改公司章程等）均源自桥梁型创新激励。根据有效合作成效可知，合作机制的形成是由于股东对收益共赢、风险共担的重识[①]。阿诺德等

---

① 重识即重新认识。

（Arnold et al.，2012）认为通过定向合作、可调合作，重识分担风险，收益共赢。由权变理论、网络理论可知，科技型企业中科技方股东通过扩大权变边界提高焦点集，焦点集较高的科技方股东通过定向合作对风险共担有了重新认识；同理，科技型企业中投资方股东通过扩大权变边界提高焦点集，焦点集较高的投资方股东通过可调合作对收益共赢有了重新认识，双方股东的有效合作优化了股东决策效率，合作机制形成。由此，本书推断如下：

H3a：科技型企业中权变边界（焦点集）较广的股东更容易促进合作机制形成。

核心集，即分时权变中另一个重要特征。从核心集与合作关系来看，处于核心位置的股东与合作关系网中其他股东有着密切的合作。密切的合作让股东间的合作行为存在丰富互动，即核心集较高的股东与合作行为的嵌入度高。张保仓（2020）提出，组织和它所处的环境之间的联系确定各种变数的关系类型和结构类型。权变频率的不断变化使投资方股东在合作关系中产生"领头羊"效应，实现自己对合作关系的嵌入，使投资方股东所处的位置是核心，核心位置出现更多的资源进而形成嵌入型创新激励（股东会的召开、利润分配或亏损弥补方案、修改公司章程等），这均源自嵌入型创新激励。同理，权变频率的不断变化使科技方股东在合作关系中产生"领头羊"效应，实现自己对合作关系的嵌入，使科技方股东所处的位置是核心，核心位置出现更多的资源进而形成嵌入型创新激励（股东会的召开、利润分配或亏损弥补方案、修改公司章程等），这均源自嵌入型创新激励。根据合作成效可知，合作机制形成的成功因素是对收益共赢、风险共担的重识。皮埃尔和勒格朗（Pierre & Legrand，2014）认为创新激励让企业对收益分配、经营风险有了重新认知，从而优化了股东决策。根据权变理论、网络理论可知，科技方股东（投资方股东）通过改变权变频率实现提高核心集，提高核心集的科技方股东（投资方股东）通过嵌入性创新激励实现定向合作（可调合作），合作中对收益共赢、风险共担有了重新认识，双方股东的有效合作优化了股东决策，合作机制形成。由此，本书推断如下：

H3b：科技型企业中权变频率（核心集）较高的股东更容易促进合作机制形成。

核心集是衡量合作关系中成员与关系嵌入的指标；焦点集则是衡量合作关系网优良的指标，它们是分时权变的两大特征。伯特（Burt，2004）提出结构洞理论，他认为网络中一个节点与彼此隔离的节点形成网络关系，那么该节点就占据了结构洞位置，形成此网络结构的中心优势。由结构洞理论可知，在构建合作时，匮乏资源的股东通过与之前隔离的股东重新建立关系，资源丰富的企业在信息获得上取得控制优势，获得占据权变洞（位置）。邱国栋和韩文海（2012）指出，隔离机制下更容易出现竞合效应。根据竞合效应可知，股东间将完成"隔离→竞合"的逻辑，股东将实现基于隔离的竞合，该过程中股东权变精准度的改变使股东间重新认知发展空间。将"隔离空间"开启，通过分析外部股东不同维度的竞争优势，不断使股东所处位置是中心的。基于中心位置的创新资源，出现竞争性创新激励，将影响企业效益（Cainelli et al.，2004）。科技型企业科技方股东（投资方股东）根据股权情况召集股东会议、提议召开临时股东会，特定条件下召集和注册临时股东会决定股东会的各项决议，均源自竞争性创新激励。科技方股东（投资方股东）在竞争性创新激励的刺激实现定向合作（可调合作），在合作中完成对收益共赢、风险共担的重新认识。根据有效合作成效可知，衡量合作的成功因素股东决策效率的改变。埃勒加德和韦德尔（Ellegaard & Vedel，2014）认为供应链上企业的创新激励让企业重识收益共赢、风险共担，实现决策效率的优化。根据网络理论可知，科技型企业中的股东通过改变权变频率占据较多的权变洞，占据较多权变洞数目的企业通过竞争性创新激励实现定向合作（可调合作），合作中对收益共赢、风险共担有了重新认识，双方股东的有效合作优化了股东决策效率，合作机制形成。由此，本书推断如下：

H3c：科技型企业中权变精准度（权变洞）较高的股东更容易促进合作机制形成。

从敏捷制造与权变理论的来看，焦点集、核心集以及权变洞作为分时权变的特征要素都未涉及对 IT 资源的利用问题。动态能力理论指出，将 IT 技术合理地应用于业务流程中时，就会促进快速企业的发展。郭海和韩佳平（2019）认为，企业仅依靠商业模式创新并不一定能保证企业成功，需要通过技术投入将其转化为经济价值。而迅速收集其他股东发展的数据信息，通过 IT 数据分析弥补信息不对称带来的不足，是考量股东发展的重要标准（Niu et al.，2011）。敏捷制造指出，企业在不断变化、不可预测的经营环境中通过 IT 技术提升企业决策行为，从而改变企业经营方式。由此，企业通过权变振幅的改变来激活股东 IT 资源的利用，IT 资源的利用将提升股东在经营环境的敏捷性（江炼和孙延明，2013）。科技型企业中，IT 资源将作为股东发展的创新资源，出现基于 IT 资源的敏捷性创新激励，敏捷性创新激励将影响科技方股东（投资方股东）的定向合作（可调合作），从而调整对企业经营风险、收益情况。根据合作可知，合作机制的成功因素是对收益共赢、风险共担的重识。萨贝格等（Sabegh et al.，2012）认为 IT 资源的敏捷性创新激励让企业对收益分配、分担风险有了重新认识，进而影响企业决策。根据敏捷制造、权变能力理论可知，科技型企业科技方股东（投资方股东）通过改变权变振幅提升敏捷性，敏捷性较高的科技方股东（投资股东）通过敏捷性创新激励实现定向合作

（可调合作），合作中对收益共赢、风险共担有了重新认识，双方股东
的有效合作优化了股东决策效率，合作机制形成。由此，本书推断
如下：

H3d：科技型企业权变振幅（敏捷性）较高的股东更容易促进合
作机制。

5.1.4　科技型企业分时权变中介效应的假设提出

分时权变扎根在股东合作中，逐渐形成了分时权变设计下对股东
股权比例变化与合作机制的出现形成路径依赖。杨春白雪等（2020）
认为，合作创新网络规模的扩大和较低的密度为知识的转移和扩散提
供了较好的条件，网络中的核心节点对整个创新网络的发展起着关键
的作用。合作创新网扩大和较低的密度、核心节点都离不开权变的设
计。奉小斌（2017）认为学术界针对目标企业搜索什么、到哪搜索等
问题进行了系统研究，但关于如何搜索、何时搜索的研究相对零散。
由此可知，在股权比例与股东合作机制之间，分时权变可能发挥中介
作用，即股权比例变化较大的股东基于技术方股东通过持股情况的变
化、投资方股东通过持股情况的变化、股东创新合作带来决策效益的
变化（权变边界、权变频率、权变精准度、权变振幅）实现创新激励
的出现，刺激并弥补了股东对风险共担、对收益共赢重新认识的不足，
形成股东合作机制。同理，除了焦点集以外的其他三个也将作为中介
作用影响股东股权比例、合作机制。基于此，提出如下假设：

H4a：科技型企业中分时权变的权变边界（焦点集）在股东股权
比例与合作机制之间发挥中介作用。

H4b：科技型企业中分时权变的权变频率（核心集）在股东股权
比例与合作机制之间发挥中介作用。

H4c：科技型企业中分时权变的权变精准度（权变洞）在股东股权比例与合作机制之间发挥中介作用。

H4d：科技型企业中分时权变的权变振幅（敏捷性）在股东股权比例与合作机制之间发挥中介作用。

综上所述，本部分建构了拟研究的理论概论模型。由模型可知，模型中股东股权比例为自变量；分时权变为中介变量；因变量为合作机制；企业规模、技术研发团队的教育水平、企业成立的年份为控制变量，如图 5 - 1 所示。

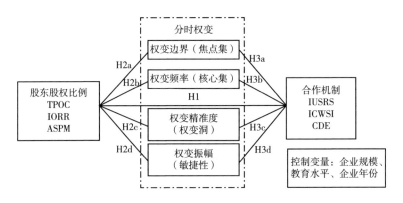

图 5 -1　本部分的概念模型

资料来源：笔者绘制。

5.2　股东股权比例、分时权变与合作机制的测量标准

5.2.1　股东股权比例（自变量、解释变量）的测量

股东股权比例（shareholding ratio）。从合作理论的角度为其界定与度量进行了定义，结合动态能力理论确定了本部分实证分析股东股

权比例的三个维度，即科技方股东以技术优势持股获得控制权，行使
控制权权利（technical party obtains control，TPOC）、投资方股东以资
金优势持股获得控制权，通过控制权获得收益权并行使控制权权利
（investor obtains return right，IORR）以及科技方股东（投资方股东）
通过持股情况的变化保障与投资方股东（科技方股东）的继续经营
（adjust shareholding protection manage，ASPM），获得了测量股东股权
比例的具体指标，见表5－1。表5－1中9个指标主要采用对应的问卷
题目通过问卷调查获取数据。

表5－1　　　　　　　　　　　**股东股权比例的测量**

自变量（解释变量）		题项	来源
股东股权比例	科技方股东以技术优势获得较大比例持股取得控制权，行使控制权权利并激励投资方股东（TPOC）	科技方股东由于技术优势持有股份超过90%，通过召集股东会议、提议召开临时股东会，特定条件下召集和注册临时股东会决定股东会的各项决议（包括利润分配或亏损弥补方案、修改公司章程），拥有绝对的表决权、人事权，保障技术不断创新、激励投资方股东	米黎钟和陈晴（2020）；欧理平和赵瑜（2020）；陈晓珊和刘洪铎（2019）；马嫣然等（2018）
		科技方股东由于技术优势持有股份超过67%但不超过90%，通过召集股东会议、提议召开临时股东会，特定条件下召集和注册临时股东会决定股东会的各项决议（包括利润分配或亏损弥补方案、修改公司章程），拥有绝对的表决权、人事权，保障技术不断创新、激励投资方股东	
		科技方股东由于技术优势持有股份超过50%但不超过67%，通过召集股东会议、提议召开临时股东会，特定条件下召集和注册临时股东会决定股东会的各项决议（包括利润分配或亏损弥补方案、修改公司章程），拥有绝对的表决权、人事权，保障技术不断创新、激励投资方股东	

自变量（解释变量）		题项	来源
股东股权比例	投资方股东以资金优势获得较大比例持股取得控制权，行使控制权权利使收益最大并激励技术方股东（IORR）	投资方股东由于资金优势持有股份超过90%，通过召集股东会议、提议召开临时股东会，特定条件下召集和注册临时股东会决定股东会的各项决议（包括利润分配或亏损弥补方案、修改公司章程），拥有绝对的表决权、人事权，保障收益最大获得收益权、激励科技方股东技术不断创新	林全福（2019）；曲烁羽（2019）；胡奕明和李昀（2020）；李艳妮（2019）；张红玲和耿庆峰（2018）
		投资方股东由于资金优势持有股份超过67%但不超过90%，通过召集股东会议、提议召开临时股东会，特定条件下召集和注册临时股东会决定股东会的各项决议（包括利润分配或亏损弥补方案、修改公司章程），拥有绝对的表决权、人事权，保障收益最大获得收益权、激励科技方股东技术不断创新	
		投资方股东由于资金优势持有股份超过50%但不超过67%，通过召集股东会议、提议召开临时股东会，特定条件下召集和注册临时股东会决定股东会的各项决议（包括利润分配或亏损弥补方案、修改公司章程），拥有绝对的表决权、人事权，保障收益最大获得收益权、激励科技方股东技术不断创新	
	科技方股东（投资方股东）通过持股情况的变化保障与投资方股东（科技方股东）的继续经营（ASPM）	科技方股东（投资方股东）持有股份超过34%但不超过50%，通过召集股东会议（包括临时股东会）否决多数股东修改公司章程、增加或者减少注册资本，保障创业继续	龚秋会（2019）；徐琳等（2019）；李秉祥等（2018）
		科技方股东（投资方股东）持有股份超过10%但不超过34%，通过召集股东会议（包括临时股东会）在公司管理发生严重困难且严重影响股东利益时，向法院提起解散诉讼，保障创业继续	
		科技方股东（投资方股东）持有股份不超过10%，股东除了对应表决权外还拥有法律程序的诉讼权，保障创业继续	

资料来源：笔者整理。

5.2.2　分时权变（中介变量）的测量

关于分时权变（time-sharing contingency）的测量方法目前还不算多，已有的文献大多停留在定性测量研究。本部分借用社会网络分析定量方法，对快速发展并有权变行为的企业与外部企业进行梳理，选取权变的边界（焦点集）、权变的频率（核心集）、权变的精准度（权变洞）、权变的振幅（敏捷性）四个维度，展开定量的测量。沿用前文中分时权变量表，见表 5 – 2。表 5 – 2 中 10 个题项的信息主要采用"提名生成法"（name-generated）[①] 进行测度。本书将他们回答的内容提到"控制权""收益权""战略发展""绝对把握"等词语的意思进行进一步分析，将获得的数据转换为 0 – 1 的形式，然后录入 Excel表，然后将它们导入 Ucinet 软件转换为企业之间是否建立合作关系的矩阵，最后再将分时权变数据与其他两个因子拟合一起分析。

表 5 – 2　　　　　　　　　　　分时权变的测量

中介变量		题项	来源
分时权变	权变的边界	科技型企业的控制权（收益权）主要包括绝对控制权（收益权）、战略控制权（收益权），以股东持股情况（数量）衡量大小，投资方以出资金额契约入股、科技方以新技术契约入股	由前文扎根分析所得
		股东关注科技型企业的控制权、收益权，契约合作	
	权变的频率	技术研发阶段，科技方绝对控制权大、战略控制权大；战略收益权大、绝对收益权小，实施定向合作	
		技术研发阶段，投资方绝对控制权小、战略控制权小；战略收益权小、绝对收益权小，实施定向合作	

[①]　清华大学人文社会科学学院的吕涛认为，在社会资源的专项调查中，多维、扩大规模的提名生成法可能是更具潜力的测量工具。

续表

中介变量		题项	来源
分时权变	权变的频率	保障企业创业（鼓励投资），科技方绝对控制权小（战略控制权大）、战略收益权小（绝对收益权小），实施定向合作	由前文扎根分析所得
		保障企业创业（资金进入），投资方绝对控制权大（战略控制权小）、战略收益权大（绝对收益权小），通过股权设计保障科技方战略控制权大于投资方绝对控制权，实施定向合作	
	权变的精准度	产品商业模式初成，科技方绝对控制权大（战略控制权大）、绝对收益权小（战略收益权大），实施可调合作	
		产品商业模式初成，投资方绝对控制权小（战略控制权小）、绝对收益权小（战略收益权大），实施可调合作	
		为了提升市场占有率（鼓励投资），科技方绝对控制权小（战略控制权大）、绝对收益权小（战略收益权小），实施可调合作	
		为了提升市场占有率（鼓励投资），投资方绝对控制权大（战略控制权小）、绝对收益权大（战略收益权小），通过股权设计保障科技方战略控制权大于投资方绝对控制权，实施可调合作	
	权变的振幅	科技型企业的快速发展，吸引更多投资方加入，合作被其他投资方认为是有效的	
		行业机构看好企业的前景，合作被行业认为是有效的	

注：绝对控制（收益）权主要是指股东股权大小的情况。当股权比例 >67% 时，即为绝对控制（收益）。战略控制（收益）权是相较于绝对控制（收益）权而出现的，主要是指从科技型企业战略管理的角度出发股东可以通过小比例股权控制保护企业的发生意外情况，即常见期权、特殊管理股、资金池等，有的拥有一票否决权。

资料来源：笔者整理。

1. 权变边界（焦点集）的数学逻辑

网络定量研究中焦点集的衡量指标主要有近点中心集和焦点中心集。根据罗家德等的观点，近点中心集的仅用于完全（多对多）的联通，即企业快递发展（创新经营）中的任意两股东之间至少有一条路径，表示股东与其他股东有亲疏关系。股东与其他股东之间存在亲疏关系的范围大小，即股东间亲疏关系的范围大小描述权变边界的大小，从而作为一种创新激励刺激股东创新经营。令 X 为其他股东到本股东的路径距离，则本股东的焦点中心集（focus centrality collect，FCC）即焦点集。焦点集计算公式如下：

$$FCC = AX + B \qquad (5-1)$$

式中，$X = [x_1, x_2, \cdots, x_n]T$，$FCC = [y_1, y_2, \cdots, y_n]T$，$A = [a_1, a_2, \cdots, a_n]$，$B = [b_1, b_2, \cdots, b_n]$。令式（5-1）为连续可微函数，则在 k 处可取极值。则式（5-1）可以转化为：

$$x(k+1) = Ax(k) + Bu(k) + D[x(k), u(k)]$$
$$fcc(k) = Cx(k) + G[x(k)] \qquad (5-2)$$

其中，

$$A = \frac{\partial f}{\partial x}\Big|_{\substack{x=0 \\ u=0}}, \quad B = \frac{\partial f}{\partial u}\Big|_{\substack{x=0 \\ u=0}}, \quad C = \frac{dg}{dx}\Big|_{x=0}$$

$$D[x(k), u(k)] = f[x(k), u(k)] - Ax(k) - Bu(k)$$

$$G[x(k)] = g[x(k)] - Cx(k)$$

即从 k 时刻起逐个时刻写出式（5-2），即：

$$x(k+i) = Ax(k+i-1) + Bu(k+i-1)$$
$$+ D[x(k+i-1), u(k+i-1)]$$
$$fcc(k+i) = Cx(k+i) + G[x(k+i)]$$

2. 权变频率（核心集）的数学逻辑

关于核心集的测量，网络定量分析认为企业的股东在创新关系中处于核心区域还是边缘区域决定了核心集的测量情况。核心集较高的股东一般具有较高的焦点集，但是焦点集较高的股东不一定处于整个合作关系的核心区域。对一个企业来说，如果其与很多本身具有较高焦点中心度的股东交错合作，那么股东处于权变中的核心区域，说明股东具有较高的核心集度，股东绩效发生变化（Mcadams，2011），即股东根据合作关系中位置的变化情况来刻画权变频率的大小，从而作为一种创新激励刺激股东创新经营。因此，借用伯克哈特和布拉斯（Burkhardt & Brass）提供的核心—边缘模型，假设创新关系中每一个股东均处于核心区域，按照核心集度大小进行排序。分时权变的核心集度（kernel set degree，KSD）计算公式如下：

$$KSD = \sum_{ij}\alpha_{ij}\beta_{ij}, \ \beta_{ij} = \begin{cases} 1, & c_i = \text{核心或} c_j = \text{核心} \\ 0 & \text{其他} \end{cases} \qquad (5-3)$$

式中，α_{ij} 表示股东 i 和 j 之间存在联系（合作）；β_{ij} 表示股东 i 所处的区域是核心（1）还是非核心（0）；c_i 和 c_j 表示股东 i（股东 j）核心程度；KSD 表示与股东联系（合作情况）的总体核心集度的水平。

3. 权变精准度（权变洞）的数学逻辑

权变洞作为一种分时权变机制中的衍生要素，有不少指标可以替换。权变的主体是各权利之间的切换，它们还存在互相约束的情况（Nell et al.，2010），即股东用合作关系中"相互制约"的变化来刻画权变精准度的大小，从而作为一种创新激励刺激股东创新经营。故"互相制约"指数是应用比较广泛的一项重要指标。"互相制约"指分时权变的权变机制中股东的被动接受程度，即"互相制约"程度越高，控制权越小，股东占据的权变洞的数量就越少。因此，可以通过"1 - '互相制约'程度"的差来反映权变洞占有的情况。权变洞（contingency hole，CH）的计算公式为，$CH(x_i) = 2\sum_{j<k}g_{jk}(x_i)/g_{ik}(g-1)(g-2)$。其中，$g_{jk}$ 代表测量股东 j 有多少

捷径可以到达企业 k ；$g_{jk}(x_i)$ 是股东 j 通过股东 i 的捷径数目接触到股东 k ；g 代表合作关系的大小。

4. 权变振幅（敏捷性）的数学逻辑

分时权变敏捷性的指标测量主要是指股东基于信息技术解决方案判断是否构建合作（Niu et al. ，2011；Ouenniche et al. ，2016），即股东用信息技术解决方案应用程度描述权变振幅的大小，从而作为一种创新激励刺激股东创新经营。企业快速发展中，股东通过信息技术解决方案敏捷给出其他股东的不足、判断是否需要通过权变来构建合作，为战略合作提供更为有效的支持。国内学者的研究发现，敏捷度高的合作关系能够为股东发展带来更多的信息支持。敏捷度（agility degree，AD）采用数值计算方法，通过与合作关系中各股东对信息技术的投入比例 y（$1 = y < 20\%$；$2 = 20\% \leqslant y < 40\%$；$3 = 40\% \leqslant y < 60\%$；$4 = 60\% \leqslant y < 80\%$；$5 = 80\% \leqslant y$）、合作类型（1 = 董事会；2 = 科技方股；3 = 投资方股；4 = CEO；5 = 其他）以及所在区域（1 = 同区；2 = 同市；3 = 同省；4 = 全国；5 = 其他）不同情况下的敏捷度进行测量。本书借用阿格雷斯蒂（Agresti）等提出的敏捷度（IQV），获得敏捷性质变指数（index of qualitative variation for agility，IQVA），其公式如下：

$$IQVA = \frac{1 - \sum_{y}^{i=1} p_i^2}{1 - \dfrac{1}{y}} \qquad (5-4)$$

式中，y 代表投入比例的统计数；p_i 代表第 i 类占所有类别数量的比重；IQVA 取值为（0，1），0 代表敏捷度低，1 代表敏捷度高。

5.2.3　合作机制（因变量、被解释变量）的测量

合作机制（cooperation mechanism，CM）的测量借用江等（Jiang et al.，2019）、山下和奥库博（Yamashita & Okubo，2006）、金等（Kyun et al.，2007）的研究成果；李等（Li et al.，2010）认为股东利用差异化资源的流动提升决策效率，资源流动过程使股东彼此产生创新信任，投资方股东为了追求获得更多利益主动承担合作失败的风险而形成风险共担型的合作机制；科技方股东追求技术成就感，主动将利益共享形成利益共赢型的合作机制。以上行为均通过股东大会讨论后形成，讨论过程使股东知识流动，提升股东间的学习能力；股东学习能力将改变并优化决策效率，出现创新效益。对合作风险的重识、对合作共赢的重识，优化股东决策效率，出现合作机制。因此，根据已有研究基础，在确保量表相关题项意见不改变的情况下，确定了本部分实证分析合作机制的四个维度，即科技方股东通过股权比例的变化创新激励了与投资方股东的定向合作，受到激励的投资方股东不断投资科技方股东。此时，投资方股东与科技方股东共同关注技术研发，股东双方对风险共担有了重新认识（innovative understanding of startup risk sharing，IUSRS）；投资方股东通过股权比例的变化创新激励了与科技方股东的可调合作，受到激励的科技方技术不断实现技术研发。此时，科技方股东与投资方股东共同共享利益增长，股东双方对创业收益共赢有了重新认识（innovative cognition of win-win startup interests，ICWSI）；股东间的合作被认同有效的，从而改变了股东决策效率（change of decision efficiency，CDE），最终实现科技型企业快速发展。见表 5 - 3，表中 12 个指标主要采用对应的问卷题目通过问卷调查来获取数据。

表 5 – 3 合作机制的测量

因变量（被解释变量）		题项	来源
合作机制	投资方股东与科技方股东共同关注企业技术研发，通过定向合作对创业风险共担有了重新认识	在企业特殊的时间（时机）将权利分离成控制权、收益权。科技方股东通过股东会将自身收益让渡给投资方股东，科技方与投资方实现定向合作	李密（2018）、李武（2012）、陈刚（2011）、张帏和叶雨（2012）
		投资方股东为了获得更多利益，调整持股股份（股权变化），支持科技方股东技术研发，投资方与科技方实现定向合作	
		持续投资的技术研发，将投资方股东与科技方股东绑定在一起共担创业失败的风险	
	科技方股东与投资方股东共同共享企业利益增长，通过可调合作对创业利益共赢有了重新认识	在企业特殊的时间（时机）将权利分离成控制权、收益权。投资方股东通过股东会将自身收益让渡给科技方股东，科技方股东的价值获得认同，实现可调合作	韩雪飞（2016）、胡源（2012）、张帏和叶雨（2012）
		科技方股东为了完成技术研发的成就，调整持股股份（股权变化），支持投资方股东获得更多利益，实现可调合作	
		技术不断创新带来企业利益增长，科技方股东与投资方股东将共赢增长的利益	
	股东决策效率获得优化	有效的合作方式使投资方股东的决策效率发生改变	钟静（2015）、朱路甲等（2011）、陈刚等（2011）
		有效的合作方式使科技方股东的决策效率发生改变	

资料来源：笔者整理。

5.2.4 控制变量的测量

模型中涉及三个控制变量，即企业规模、研发团队的教育水平、企业成立的年份。以上控制变量的筛选主要基于学者对科技型企业的研究，见表 5 - 4。

表 5 - 4   控制变量的测量

控制变量	题项	来源
企业规模	目前企业的常驻人数	孙丽华（2017）
技术研发团队的教育水平	技术研发团队的学历情况	王悦亨（2017）
企业成立的年份	企业生存的年份	张萌萌（2016）

资料来源：笔者整理。

5.3   调研过程与数据分析

5.3.1   调研过程与数据收集

1. 研究对象与数据收集标准

本部分的一级核心概念是分时权变对股东股权比例与合作机制的影响。根据熊彼特（1990，1999）在《经济发展理论》和《资本主义、社会主义与民主》中提出的两种创新模式，确定了本部分的对象为"具有创新行为（新技术、新管理）的各类企业"，即选取企业的标准为具有快速发展（新技术研发）的科技型企业。首先向技术骨干、核心部门的中层干部发放问卷，然后采用调查对象自填问卷的方式获取数据，最后对回收的问卷开展无效问卷筛选。筛选遵循态度、逻辑与数据三个标准：一是所有题目随机乱选或选择同一分值，即视为态度无效问卷；二是相关内容题项前后选择分值相差太大，即为逻辑无效问卷；三是所填的题目有缺漏的，影响数据分析的有效性，即为数据无效问卷。

2. 调研区域与问卷收集

本书以国家级高新技术产业开发区为调研背景。国家高新区集聚了全国 50% 以上高新技术（创新）企业，单位产出能耗仅为全国平均值的一半，每万名从业人员拥有发明专利 107 件，相当于全国平均水平的 10 倍。因此，结合国家战略发展部署，跟踪近几年国家高新区的发展情况，最终确定以我国成都、重庆（成渝经济圈）国家级高新技术产业开发区中的科技型企业为研究样本展开调研。2020 年 4 月至 2020 年 8 月，调查小组多次走访这些城市，累计发放了 334 份问卷，实收 290 份，回收率约 86.8%。再根据以上标准进行筛选，最终获得有效问卷 285 份，有效回收率约 85.3%。以下是问卷调查的工作组织、调查过程等简要介绍。

（1）调查组人员的质量标准。

为了确保此次调研的顺利进行，以及调查数据的有效性，参与本次调查组的所有调研人员均符合下列四项标准：第一，具有企业管理、区域经济专业的学习经历并理解调查问卷的专业认知；第二，具有现场问卷调查的丰富经验且具备问卷调查最基本的知识和技巧；第三，能够说普通话或听懂方言，具有进行有效沟通的交流能力及技巧；第四，对企业调查工作具有热情和责任心，能够全心投入调查工作。

（2）调查组人员的培训。

调查员的培训工作于 2019 年 12 月进行，培训工作从以下四个方面展开进行：第一，介绍本次调查的主要目的；第二，详细介绍本次调查问卷的主要设计思路，问卷的结构、问题、选项以及每一选题的询问方式；第三，强调调查人员的责任感，要求调查人员在调查前向被调查者简单介绍本次调查，以确保被调查的权益以及调查问卷所收集数据的真实性和有效性；第四，对问卷调查基本技巧和方式进行培训，以及提醒调查中的注意事项，如着装、调查地点、时间、调查被拒的处理等。

（3）调查的程序。

简言之，此调查遵循的抽样总体原则为随机抽样。调查员采取典型的随机抽样方式，即在调查地点（员工食堂、咖啡、便利店与地铁站）随机访问到访的员工。为了保证本次抽样调查样本中不同年龄、性别分布的均衡性，调研组要求调查人员在抽样时，注意被调查者的人口社会学特征，有"选择"地进行调查。一般而言，调查程序为：第一步，调查人员向员工问好；第二步，调查人员进行自我介绍，并有礼地向被调查介绍此次调查工作的相关信息，主要包括调查的目的、参与者的调查意义；第三步，询问员工参与调查的意愿，邀请其参与调查；第四步，如被调查者同意参与调查，调查员协助完成调查问卷，但主要工作是向被访者客观地解释问卷的问题及其选项，而不是引导他们做出"符合"调查者意愿的回答；第五步，被访者完成问卷后，调查人员向被访者致谢。如员工拒绝参与此次调查，被访者仍应礼貌致谢，等待下一位"被访者"。

3. 调查数据中情况的描述

分析所得问卷调查数据中三个控制变量，即企业规模、技术研发团队的年龄、员工工作岗位的情况，见表5-5。

表5-5　　　　　　　　　调查数据的描述

描述	统计项	问卷数量/份	所占百分比/%
企业规模	10人以内	23	8
	11~20人	75	26
	21~50人	72	25
	51~100人	63	22
	100人及以上	52	19

续表

描述	统计项	问卷数量/份	所占百分比/%
技术研发团队的教育水平	高中	39	13
	大学专科	93	33
	大学本科	84	29
	硕士	63	23
	博士	6	2
企业成立的年份	1 年以内	61	21
	1~3 年	74	26
	3~5 年	97	34
	5~10 年	31	11
	10 年及以上	22	8

资料来源：笔者整理。

5.3.2 研究工具与实证过程

1. 研究工具

为了让问卷调查所得数据的研究得到科学精准的分析，本部分除了继续采用主流的研究工具 SPSS 以外，还将利用 UCINET①、Mplus②

---

① UCINET（University of California at Irvine NETwork）是一种功能强大的社会网络分析软件。该软件是由加州大学欧文（Irvine）分校的一群网络分析者编写的。现在该团队的主要成员为斯蒂芬·博加提（Stephen Borgatti）、马丁·埃弗里特（Martin Everett）和林顿·弗里曼（Linton Freeman）。UCINET 软件包括一维与二维数据分析的 NetDraw，还有正在发展应用的三维展示分析软件 Mage 等，同时集成了 Pajek 用于大型网络分析的 Free 应用软件程序。利用 UCINET 软件可以读取文本文件及 KrackPlot、Pajek、Negopy、Vna 等格式的文件。
② Mplus 是一个统计建模软件，为研究者提供了一个灵活的工具来分析数据，提供了多种选择，具有易于使用的图形界面，可以展示数据分析结果、估计和算法。Mplus 允许一起分析横断面和纵向数据，单层和多层数据，来自不同样本数据，无论变量组成的数据类型是可分析可见的还是不可分析不可见的。可分析可见的变量，包括 continuous（连续数据）、consored（删失数据）、binary（二分类数据）、ordered categorical（ordinal）（顺序变量）、unordered categorical（nominal）（称名变量）、counts（计数变量）或这些变量类型的组合。Mplus 对遗漏值、复杂的调查数据和多层次的数据也有特别的功能。

对数据开展定量分析。三种软件如何使用将在本部分后续的研究过程中进一步描述。

2. 实证过程

由图 5 - 1 可知，本部分涉及的相关变量基本上是难以直接观测的，而且逻辑关系较为复杂。根据研究工作的特征，本部分拟采用UCINET、SPSS20. 0、MPLUS 进行结构方程建模处理。本部分的研究存在如下情况：第一，概念模型中的潜变量是不连续且部分数据收集是 0 或 1。第二，样本数据的分布较难达到正态分布的特点；第三，研究样本的数量较大（＞200）。首先，针对回收数据，用Ucinet 对分时权变特征中焦点集、核心集、权变洞进行数值分析，对整体问卷的数据进行 1 - 0 处理（数据值分布在 0 ~ 1）；其次，用SPSS24. 0 对概念模型进行分析。第四，利用 SPSS24. 0 与 MPLUS 对概念模型进行相关性分析、多元回归性分析、方差分析与结构模型验证。

5.3.3 数据分析

1. 信度检验

分时权变的测量采用提名生成法，以获取被调查企业中哪些与其有合作。使用的测度方法是借用社会中心网络，通过对整个网络（合作）展开调查，直接测量并准确获得准确数值，确认企业与被调查企业形成（1∶1）关系，排除了心理认知偏差导致的数据不客观。分时权变量表的信度与效度已在前文中检验过。关于股东股权比例、合作机制的信度，测量主要采用开发的量表相关题项，以此保证变量的分解以及衡量方法上的可信与有效。最终，因变量股东股权比例通过科技方股东以技术优势获得较大持股取得控制权，行使控制权权利并激励投资方股东（共 3 个测量项目）、投资方股东以资金优势获得较大持股取得控制权，行使控制权使收益权最大并激励科技方股东（共 3 个测量项目）、科技方股东（投资方股东）通过持股情况的变化保障与投资方股东（科技方股东）的继续合作（共 3 个测量项目）等维度测量，共涉及 9 个测量项目；自变量合作机制通过投资方股东与科技方股东共同关注企业技术研发，通过信任认同对风险共担有了重新认识（共 3 个测量项目）、科技方股东与投资方股东共同共享企业利益增长，通过价值认同对合作利益共赢有了重新认识（共 3 个测量项目）、股东决策效率获得优化（共 2 个测量项目）维度测量，共涉及 8 个测量项目。为了检查问卷中题目之间的关系是否测量了相同的内容或特质，反映测试题项内部一致性的指标主流采用 Cronbach's α 系数。关于 Cronbach's α 系数，本书利用 SPSS24.0 获取问卷中每组题项 Cronbach's α 系数，见表 5 - 6。李玉梅等（2016）指出 Cronbach's α 的值在 0.6 ~ 0.9 信度相当好，其值大于 0.9 表示信度非常好。由表 5 - 6 可知，问卷中的每组题项 Cronbach's α 值符合上述范围，故说明问卷是可信的。

表 5 - 6　　　　潜变量、显变量与 Cronbach's α 系数表

潜变量	显变量的数量	Cronbach's α
科技方股东以技术优势获得较大持股取得控制权，行使控制权权利并激励投资方股东	3	0.882
投资方股东以资金优势获得较大持股取得控制权，行使控制权使收益权最大并激励科技方股东	3	0.881
科技方股东（投资方股东）通过持股情况的变化保障与投资方股东（技术方股东）的继续经营	3	0.887
投资方股东与科技方股东共同关注企业技术研发，通过信任认同对风险共担有了重新认识	3	0.951

续表

潜变量	显变量的数量	Cronbach's α
科技方股东与投资方股东共同共享企业利益增长，通过价值认同对收益共赢有了重新认识	3	0.920
股东决策效率获得优化	2	0.626

资料来源：表中数据均由 SPSS24.0 获取。

2. 效度检验

为了进一步验证问卷所覆盖测量的内部情况，股东股权比例、合作机制运用因子分析法完成效度检验。KMO 和 Bartlett 球体检验是判断能否进行因子分析的重要指标，李玉梅与温红博指出 KMO 大于 0.7、Bartlett 值小于 0.001 时，满足进行因子分析检查的条件；因子载荷（factors loading）值在 0.5 ~ 0.7 是显著，大于 0.7 是非常显著；还需特征根值（eigenvalues）大于 1 的因子。

（1）股东股权比例的效度检验。

采集问卷中关于"股东股权比例"的样本数据，进行 KMO 和 Bartlett 球体检验与因子分析，KMO 值为 0.823、Bartlett 球体检验的值均满足条件，见表 5 - 7。允许探索因子分析（exploratory factor analysis，EFA）检验，见表 5 - 8。由表 5 - 8 可知，"股东股权比例"分量表中的科技方股东以技术优势获得较大比例持股取得控制权，行使控制权权利并激励投资方股东、投资方股东以资金优势获得较大比例持股取得控制权，行使控制权权利使收益权最大并激励科技方股东、科技方股东（投资方股东）通过持股情况的变化保障与投资方股东（科技方股东）的继续经营子项的因子载荷值均大于 0.70，说明问卷中"股东股权比例"分量表的结构效度比较好。本部分问卷设计比较合理，其主要表现在以下三个方面：第一，所描述的 TPOC、IORR、ASPM 的题项共同度值均小于 1，见表 5 - 9，即说明本部分问卷涉及题项的相关性较高；第二，本征值大于 1，见表 5-10，说明 TPOC、IORR、AS-PM 的题项中可提取三个特征因子；第三，三个特征因子的题项可累积解释高于 80.00% 有关"股东股权比例"分量的情况。基于以上三点，本部分认为问卷中"股东股权比例"部分所收集的数据符合效度检查。

表 5-7　　　　股东股权比例的 KMO 与 Bartlett 球体检验表

KMO		0.823
Bartlett 球体检验	卡方近似值	1748.312
	自由度	36
	显著性	0.000

资料来源：笔者根据 SPSS24.0 整理。

表 5-8　　　　　　　　股东股权比例的因子载荷

股东股权比例		1	2	3
TPOC	科技方股东由于技术优势持有股份超过 90%，通过召集股东会议、提议召开临时股东会，特定条件下召集和注册临时股东会决定股东会的各项决议（包括利润分配或亏损弥补方案、修改公司章程），拥有绝对的表决权、人事权，保障技术不断创新、激励投资方股东（题项 1）	0.817	0.274	0.256
	科技方股东由于技术优势持有股份超过 67% 但不超过 90%，通过召集股东会议、提议召开临时股东会，特定条件下召集和注册临时股东会决定股东会的各项决议（包括利润分配或亏损弥补方案、修改公司章程），拥有绝对的表决权、人事权，保障技术不断创新、激励投资方股东（题项 2）	0.874	0.220	0.205
	科技方股东由于技术优势持有股份超过 50% 但不超过 67%，通过召集股东会议、提议召开临时股东会，特定条件下召集和注册临时股东会决定股东会的各项决议（包括利润分配或亏损弥补方案、修改公司章程），拥有绝对的表决权、人事权，保障技术不断创新、激励投资方股东（题项 3）	0.876	0.163	0.200

续表

股东股权比例		1	2	3
IORR	投资方股东由于资金优势持有股份超过90%，通过召集股东会议、提议召开临时股东会、特定条件下召集和注册临时股东会决定股东会的各项决议，拥有绝对的表决权、人事权，保障收益最大、激励科技方股东技术不断创新（题项4）	0.095	0.899	0.091
	投资方股东由于资金优势持有股份超过67%但不超过90%，通过召集股东会议、提议召开临时股东会、特定条件下召集和注册临时股东会决定股东会的各项决议，拥有绝对的表决权、人事权，保障收益最大、激励科技方股东技术不断创新（题项5）	0.238	0.863	0.182
	投资方股东由于资金优势持有股份超过50%但不超过67%，通过召集股东会议、提议召开临时股东会、特定条件下召集和注册临时股东会决定股东会的各项决议，拥有绝对的表决权、人事权，保障收益最大、激励科技方股东技术不断创新（题项6）	0.354	0.811	0.183
ASPM	科技方股东（投资方股东）持有股份超过34%但不超过50%，通过召集股东会议（包括临时股东会）否决多数股东修改公司章程、增加或者减少注册资本，保障创业继续（题项7）	0.128	0.050	0.871
	科技方股东（投资方股东）持有股份超过10%但不超过34%，通过召集股东会议（包括临时股东会）在公司管理发生严重困难且严重影响股东利益时，向法院提起解散诉讼，保障创业继续（题项8）	0.246	0.181	0.875
	科技方股东（投资方股东）持有股份不超过10%，股东除了对应表决权外还拥有法律程序的诉讼权，保障创业继续（题项9）	0.271	0.234	0.819

资料来源：笔者根据 SPSS24.0 整理。

表 5－9   股东股权比例的共同度、均值

股东股权比例	Initial	Extraction
题项 1	1.000	0.808
题项 2	1.000	0.855
题项 3	1.000	0.833
题项 4	1.000	0.825
题项 5	1.000	0.835
题项 6	1.000	0.816

续表

股东股权比例	Initial	Extraction
题项 7	1.000	0.777
题项 8	1.000	0.859
题项 9	1.000	0.799

资料来源：笔者根据 SPSS24.0 整理。

表 5 - 10　　　　　　　股东股权比例的 EFA 检验值

股东股权比例	特征值	方差	α
TPOC	4.751	52.790	0.882
IORR	1.505	69.507	0.881
ASPM	1.150	82.289	0.887

资料来源：表中数据由 SPSS24.0 获取。

（2）合作机制的效度检验。

采集问卷中关于"合作机制"的样本数据，进行 KMO 和 Bartlett 球体检验与因子分析，KMO 值为 0.767、Bartlett 球体检验的值均满足条件，见表 5 - 11，允许探索因子分析（EFA）检验。由表 5 - 12 可知，"合作机制"分量表的投资方股东与科技方股东共同关注企业技术研发，通过定向合作对经营风险共担有了重新认识、科技方股东与投资方股东共同共享企业利益增长，通过可调合作对收益共赢有了重新认识、股东决策效率获得优化子项的因子载荷值均大于 0.70，说明问卷中"合作机制"分量表的结构效度比较好。本部分问卷设计比较合理，其主要表现在以下三个方面：第一，所描述 IUSRS、ICWSI、CDE 的题项共同度值均小于 1，即说明本部分问卷涉及的题项相关性较高，见表 5 - 13；第二，特征值大于 1，说明 IUSRS、ICWSI、CDE 题项中可提取三个特征因子，见表 5 - 14；第三，三个特征因子的题项可累积解释大于 80.00% 有关"合作机制"分量的情况。基于以上三点，本部分认为问卷中"合作机制"部分所收集的数据符合效度检查。

143

表 5 – 11 **合作机制的 KMO 与 Bartlett 球体检验表**

KMO		0.767
Bartlett 球体检验	卡方估计值	1694.522
	自由度	28
	显著性	0.000

资料来源：笔者根据 SPSS24.0 整理。

表 5 – 12 **合作机制的因子载荷**

合作机制		1	2	3
IUSRS	在企业特殊的时间（时机）将权利分离成控制权、收益权科技方股东通过股东会将自身收益让渡给投资方股东，科技方与投资方实现定向合作（题项1）	0.925	0.210	0.012
	投资方股东为了获得更多利益，调整持股股份（股权变化），支持科技方股东技术研发，投资方与科技方实现定向合作（题项2）	0.942	0.216	0.015
	持续投资的技术研发，将投资方股东与科技方股东绑定在一起共担创业失败的风险（题项3）	0.934	0.165	0.031
ICWSI	在企业特殊的时间（时机）将权利分离成控制权、收益权。投资方股东通过股东会将自身收益让渡给科技方股东，科技方股东的价值获得认同，实现可调合作（题项4）	0.156	0.935	0.075
	科技方股东为了完成技术研发的成就，调整持股股份（股权变化），支持投资方股东获得更多利益，实现可调合作（题项5）	0.159	0.932	0.064
	技术不断创新带来企业利益增长，科技方股东与投资方股东将共赢增长的利益（题项6）	0.276	0.848	0.021
CDE	由于持股情况的变化提高了投资方股东的决策效率（题项7）	0.017	0.043	0.854
	由于持股情况的变化提高了科技方方股东的决策效率（题项8）	0.018	0.063	0.849

资料来源：笔者根据 SPSS24.0 整理。

表 5 – 13 **合作机制的共同度值**

合作机制	Initial	Extraction
题项1	1.000	0.900
题项2	1.000	0.934

续表

合作机制	Initial	Extraction
题项 3	1.000	0.901
题项 4	1.000	0.904
题项 5	1.000	0.899
题项 6	1.000	0.795
题项 7	1.000	0.731
题项 8	1.000	0.725

资料来源：笔者根据 SPSS24.0 整理。

表 5 – 14　　　　　　　　　　　合作机制的 EFA 检验值

合作机制	特征值	方差	α
IUSRS	3.776	47.200	0.951
ICWSI	1.634	20.421	0.920
CDE	1.379	17.236	0.626

资料来源：表中数据均由 SPSS24.0 获取。

在 EFA 的研究中假定一个因子之间没有因果关系，所以可能不会影响另一个因子的测度项。探索性因子分析假定测度项残差之间是相互独立的。实际上，测度项的残差之间可以因为共同方法偏差、子因子等因素而相关联。探索性因子分析强制所有的因子为独立的。最明显的是，自变量与因变量之间是应该相关的，而不是独立的。这些局限性就要求一种更加灵活的建模方法，使研究者可以更细致地描述测度项与因子之间的关系。因此，为了保证研究的结构效度，本部分还对变量采用验证性因子分析（CFA）①加以检验，见表 5 – 15、表 5 – 16。

———————

① 验证性因子分析（confirmatory factor analysis，CFA）的强项在于它允许研究者明确描述一个理论模型中的细节。那么一个研究者想描述什么呢？因为测量误差的存在，研究者需要使用多个测度项。当使用多个测度项后，我们就有测度项的"质量"问题，即效度检验。而效度检验就是要看一个测度项是否与其所设计的因子有显著的载荷，并与其不相干的因子没有显著的载荷。当然，我们可能进一步检验一个测度项工具中是否存在共同方法偏差，一些测度项之间是否存在"子因子"。这些测试都要求研究者明确描述测度项、因子、残差之间的关系。对这种关系的描述又叫测度模型（measurement model）。对测度模型的检验就是验证性测度模型。对测度模型的质量检验是假设检验之前的必要步骤。

然后,再次利用 MPLUS 软件对模型进行拟合优度检验,多模型的拟合情况,见表 5 – 17。由表 5 – 17 可知,研究的理论模型与实际数据拟合程度较好。

表 5 – 15　　　　　　　　股东股权比例的 CFA 检验

股东股权比例		因子载荷	t 值	R^2
TPOC	题项 1	0.873	49.580	0.762
	题项 2	0.895	55.319	0.802
	题项 3	0.828	35.590	0.685
IORR	题项 4	0.786	32.065	0.618
	题项 5	0.879	41.406	0.772
	题项 6	0.874	42.286	0.764
ASPM	题项 7	0.739	22.018	0.546
	题项 8	0.928	49.512	0.860
	题项 9	0.855	32.188	0.730

资料来源:表中数据由 SPSS24.0 获取。

表 5 – 16　　　　　　　　合作机制的 CFA 检验

合作机制		因子载荷	t 值	R^2
IUSRS	题项 1	0.917	29.676	0.841
	题项 2	0.967	53.920	0.934
	题项 3	0.910	42.511	0.828
ICWSI	题项 4	0.942	34.969	0.887
	题项 5	0.935	43.604	0.874
	题项 6	0.799	15.698	0.639
CDE	题项 7	0.668	4.112	0.447
	题项 8	0.682	4.221	0.465

资料来源:表中数据由 SPSS24.0 获取。

表 5 - 17 多模型拟合指数与标准

模型指标	χ^2/df	RMSEA	SRMR	WRMR	TLI	CFI
股东股权比例因素模型	4.916	0.051	0.045	1.281	0.948	0.922
合作机制因素模型	1.758	0.052	0.032	0.982	0.982	0.989
评价标准	$1 < \chi^2/df < 5$ 可以接受	$0.05 < \text{RMSEA} < 0.08$ 拟合尚好	<0.08 拟合较好	>0.9 拟合较好	>0.9 越接近1，拟合越好	同 TLI 标准

注：df 表示自由度。余下表同。
资料来源：表中数据均由 MPLUS 获取。

3. 描述性统计与相关性分析

对模型中主要各维度进行描述性统计分析，并计算两两之间的相关关系，见表 5 - 18。由表 5 - 18 可知，股东股权比例、分时权变与合作机制两两之间显著相关。根据模型假设，可以初步判定合作机制的出现将通过股东股权比例与分时权变共同作用，分时权变有可能在股东股权比例与合作机制之间发挥中介作用，为进一步求证，本部分将通过多元回归模型进行检验。

表 5 - 18 各变量间的相关系数

变量		SR	CM	RTB	RTF	RTAc	RTAm
股东股权比例	SR	1					
合作机制	CM	0.646 **	1				
分时权变	RTB	0.592 **	0.476 **	1			
	RTF	0.814 **	0.667 **	0.699 **	1		
	RTAc	0.829 **	0.696 **	0.742 **	0.849 **	1	
	RTAm	0.744 **	0.656 **	0.773 **	0.872 **	0.815 **	1

资料来源：表中数据均由 SPSS24.0 获取。相关系数为 Person 系数；*** 表示显著性水平 $P \leqslant 0.001$；** 表示显著性水平 $P \leqslant 0.01$；* 表示显著性水平 $P \leqslant 0.05$；下表同。

4. 回归分析

对模型进行相关分析后，本部分将对控制变量（企业规模、技术研发团队的教育水平、企业成立年份）进行检验，进一步回归分析将逐渐揭示变量间可能的因果关系。步骤为：第一，对三组变量进行回归分析；第二，以结构方程模型检验股东股权比例、分时权变与合作机制的综合理论框架模型与控制变量之间的作用机理，从而实现理论假设的补充检验。

（1）股东股权比例与合作机制。

由表 5 – 19 可知，加入控制变量后的自变量发生变化，基本模型对合作机制具有更高的解释度，调整后的 R^2 从 0.420 升到了 0.465，F 值是 42.19，并表现为显著（$P \leqslant 0.000$），说明股东股权比例对合作机制具备显著影响。因此，H1 得到验证。

表 5 – 19　　　　　股东股权比例与合作机制多元回归分析

变量		合作机制	
		模型 1（β）	模型 2（β）
控制变量	企业规模	0.279	0.149
	企业成立年份	0.262	0.166
	技术研发团队教育水平	0.233	0.138
自变量	TPOC		0.162 **
	IORR		0.190 ***
	ASPM		0.079
回归结果	总体模型 F	69.578 **	42.190 ***
	R^2	0.426	0.477
	调整后的 R^2	0.420	0.465
	R^2 的变化		0.045

资料来源：表中数据均由 SPSS24.0 获取。

（2）股东股权比例与分时权变。

由表 5 - 20 可知，加入控制变量后的自变量发生变化，基本模型对分时权变具有更高的解释度。其中，分时权变的焦点集可调整的 R^2 从 0.691 升到了 0.701，F 值是 108.660，但表现为不显著；核心集可调整的 R^2 从 0.751 升到了 0.800，F 值是 185.835，并表现为显著（$P \leqslant 0.001$）；权变洞可调整的 R^2 从 0.764 升到了 0.825，F 值是 217.810，并表现为显著（$P \leqslant 0.001$）；敏捷性可调整的 R^2 从 0.810 升到了 0.819，F 值是 210.187，并表现为显著（$P \leqslant 0.001$）。因此，假设 H2b、H2c、H2d 得到验证，假设 H2a 未获得统计支持，该假设不成立。

表 5 - 20　　　　　　　股东股权比例与分时权变多元回归分析

变量		分时权变							
		模型 1（β）				模型 2（β）			
		RTB	RTF	RTAc	RTAm	RTB	RTF	RTAc	RTAm
控制变量	企业规模	0.172	0.263	0.365	0.204	0.246	0.114	0.209	0.132
	企业成立年份	0.478	0.355	0.365	0.279	0.501	0.257	0.269	0.249
	技术研发团队教育水平	0.349	0.413	0.308	0.073	0.351	0.332	0.223	0.556
自变量	TPOC					0.033	0.121 ***	0.123 *	0.013 *
	IORR					0.118	0.175 ***	0.246 ***	0.083 **
	ASPM					0.062	0.151 ***	0.092 **	0.089 ***
回归结果	总体模型 F	209.143	282.663 ***	303.316 ***	400.507 ***	108.660	185.835 ***	217.810 ***	210.187 ***
	R^2	0.691	0.751	0.764	0.810	0.701	0.800	0.825	0.819
	调整后的 R^2	0.687	0.748	0.762	0.808	0.695	0.796	0.821	0.815
	R^2 的变化					0.008	0.048	0.059	0.007

资料来源：表中数据均由 SPSS24.0 获取。

（3）分时权变与合作机制。

由表 5-21 可知，加入控制变量后自变量发生了变化，基本模型对合作机制具有更高的解释度。调整后的 R^2 从 0.426 到 0.536，对应的 F 值是 45.742（$P \leqslant 0.001$），结果中分时权变的部分维度对合作机制具有积极显著的作用。根据模型 2 可知，核心集（$\beta = 0.277$，$P \leqslant 0.001$）、权变洞（$\beta = 0.466$，$P \leqslant 0.001$）、敏捷性（$\beta = 0.335$，$P \leqslant 0.05$）对合作机制表现出积极显著关系，但焦点集（$\beta = 0.093$，$P = 0.348 > 0.05$）并不显著。因此，假设 H3b、H3c、H3d 得到检验，假设 H3a 未获得统计支持，该假设不成立。

表 5-21　　　　　分时权变与合作机制的多元回归分析

变量		合作机制	
		模型 1（β）	模型 2（β）
控制变量	企业规模	0.279	0.064
	企业成立年份	0.262	0.098
	技术研发团队教育水平	0.233	0.043
自变量	RTB		0.093
	RTF		0.277 ***
	RTAc		0.466 ***
	RTAm		0.335 ***
回归结果	总体模型 F	69.578	45.742 ***
	R^2	0.426	0.536
	调整后的 R^2	0.420	0.524
	R^2 的变化		0.104

资料来源：表中数据均由 SPSS24.0 获取。

（4）分时权变的中介效应检验。

中介效应满足四步骤：首先，自变量和因变量间存在显著影响；其次，自变量对中介变量显著影响；再次，中介变量对因变量显著影响；最后，中介效应验证。基于以上四步，本书在加入控制变量后，第一，将自变量（股东股权比例）放入回归方程，分析股东股权比例对合作机制的影响；第二，将自变量（股东股权比例）放入回归方程，分析股东股权比例对分时权变的影响；第三，将自变量（分时权变）放入回归方程，分析分时权变对合作机制的影响；第四，将自变量（股东股权比例、分时权变）放入回归方程，分析股东股权比例、分时权变与合作机制的共同作用。如果中介变量的作用仍显著而自变量作用削弱，部分中介效应存在；如果自变量作用消失，完全中介效应成立。由以上分析可知，由于分时权变中的焦点集无统计意义，故以下分析过程将剔除其多元回归。中介效应分析见表 5 - 22。

表 5 - 22　分时权变在股东股权比例与合作机制间的中介效应测量

步骤	解释变量	被解释变量		β	成立条件
步骤 1	自变量	因变量		β_1	β_1 具有显著性；股东股权比例具有显著性（$P \leqslant 0.001$）
	股东股权比例（SR）	合作机制		0.646 ***	
步骤 2	自变量	中介变量		β_{2-1}、β_{2-2}、β_{2-3}	β_2 具有显著性；股东股权比例对分时权变核心集、权变洞、敏捷性具有显著性（$P \leqslant 0.001$）
	股东股权比例（SR）	分时权变	RTF	0.814 ***	
			RTAc	0.829 ***	
			RTAm	0.744 ***	
步骤 3	自变量	因变量		β_{3-1}、β_{3-2}、β_{3-3}	β_4 具有显著性；分时权变与合作机制具有显著性；β_3 具有显著性。中介效应部分成立
	SR + RTF	合作机制		0.121	
	SR + RTAc			0.413 ***	
	SR + RTAm			0.213 **	
	中介变量			β_{4-1}、β_{4-2}、β_{4-3}	
	RTF			0.155 *	
	RTAc			0.416 ***	
	RTAm			0.182 *	

资料来源：表中数据均由 SPSS24.0 获取。

由表 5 - 22 可知，第一，检验股东股权比例与合作机制的作用关系，发现其显著性成立（$\beta = 0.646$，$P \leqslant 0.001$）；第二，检验股东股权比例与分时权变的核心集、权变洞、敏捷性的作用关系，股东股权比例对核心集（$\beta = 0.814$，$P \leqslant 0.001$）、权变洞（$\beta = 0.829$，$P \leqslant 0.001$）、敏捷性（$\beta = 0.744$，$P \leqslant 0.001$）均显著性成立；第三，把股东股权比例与分时权变的核心集、权变洞、敏捷性放入回归方程中，结果表明核心集仍然显著（$\beta = 0.155$，$P \leqslant 0.05$），但在股东股权比例中显著性较弱（$\beta = 0.121$，$P > 0.05$），说明核心集在股东股权比例与合作机制间发挥完全中介作用。权变洞仍然显著（$\beta = 0.416$，$P \leqslant 0.001$），但股东股权比例的显著性数值发生变化；敏捷性仍然显著（$\beta = 0.182$，$P \leqslant 0.05$），但股东股权比例显著程度发生变化，说明权变洞与敏捷性起到部分中介作用。由此，假设 H4b、H4c、H4d 成立。

（5）整体概念模型检验。

在回归分析的基础上，将对模型的整体维度进行检验，需对模型的初始 SEM 进行拟合检查，见表 5 - 23。其中，自由度为 23，χ^2 值为 56.605。

表 5 - 23 　　　　　　　　　　　　　　　SEM 拟合指数

拟合指标	χ^2/df	RMSEA	SRMR	TLI	CFI
模型估计值	2.461	0.072	0.037	0.952	0.969
参考范围	$1 < \chi^2/\text{df} < 5$ 可以接受	$0.05 < \text{RMSEA} < 0.08$ 拟合尚好	< 0.08 拟合较好	> 0.9 越接近 1，拟合越好	同 TLI 标准

资料来源：表中数据由 MPLUS 获取。

回归分析未能将各变量看成一个系统进行考虑，故变量之间的相互作用还需要进一步揭示，本书基于 SEM 建构的股东股权比例、分时权变与合作机制的综合整体模型，解释了三者间的相互作用关系，当然包含分时权变的中介作用。利用 MPLUS，对整体模型进行验证，自变量股东股权比例、中介变量分时权变与因变量合作机制的路径关系，如图 5 - 2 所示。通过整体结构模型的检验，说明股东股权比例、分时权变与合作机制有显著作用，分时权变在这种作用中起了中介传导效应。

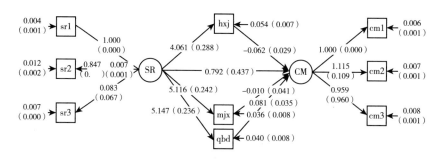

图 5 - 2　整体模型的路径关系

资料来源：据 MPLUS 整理。

（6）最终模型假设路径检验。

由图 5 - 2 可知，根据修正后的模型，从路径来看 H2a、H2d、H3a、H3d、H4a、H4d 不成立，其余 7 个假设均成立。根据成立与不成立的假设情况再次论证了，分时权变在本文的理论模型中起部分中介效应，见表 5 - 24。

表 5 - 24　　　　　　　　模型的假设验证情况

假设	路径说明	结论
H1	股东股权比例→合作机制	成立
H2a	股东股权比例→焦点集	不成立
H2b	股东股权比例→核心集	成立
H2c	股东股权比例→权变洞	成立
H2d	股东股权比例→敏捷性	成立
H3a	权变边界（焦点集）→合作机制	不成立
H3b	权变频率（核心集）→合作机制	成立
H3c	权变精准度（权变洞）→合作机制	成立
H3d	权变振幅（敏捷性）→合作机制	成立
H4a	权变边界（焦点集）在股东股权比例与合作机制间的发挥中介作用	不成立
H4b	权变频率（核心集）在股东股权比例与合作机制间的发挥中介作用	中介效应成立

假设	路径说明	结论
H4c	权变精准度（权变洞）在股东股权比例与合作机制间的发挥中介作用	中介效应成立
H4d	权变振幅（敏捷性）在股东股权比例与合作机制间的发挥中介作用	中介效应成立

资料来源：由 SPSS24.0 回归分析结果总结整理。

5.4　小结

　　本章以已有文献为基础，根据文献成果将股东股权比例、合作机制进行逻辑分解并结合分时权变特征一共提出 13 个假设，梳理假设之间的逻辑关系，构建了本章拟求证的概念模型。对成渝国家高新区中的近百家科技型企业进行走访、问卷调查、收集数据，利用多种数理统计工具对问卷进行信度、效度检验，然后展开多元回归分析，通过多元回归挖掘出分时权变、股东股权比例与合作机制三者中两两之间的关系，接下来按照概念模型逻辑一步一步进行中介效应验证，最后利用结构方程模型将概念模型进行拟合，从而求证了在股东股权比例与合作机制之间分时权变存在中介效应。13 个假设中，除了 H2a、H3a 与 H4a 不成立，其他假设均通过验证，其中权变的频率（核心集）在股东股权比例与合作机制间的发挥完全中介效应、权变的精准度（权变洞）与权变的振幅（敏捷性）三个特征在股东股权比例与合作机制间的发挥部分中介作用。

第6章 "分时权变论"与现有股权理论的根性差异

本章再次回到理论层面，结合前文的研究结论提出"分时权变论"。通过对持股变化合作关系展开分析，发现存在以下几点区别：第一，与现有以静态持股为基础的股权结构理念相比，本书提出的"分时权变论"是一种动态持股股权理论结构，扩展了传统股权结构理论的研究范围。第二，现有股权结构理论以静态持股为基础，建立了相关理论逻辑框架，进而通过改变股权结构实现持股合作。本书提出的"分时权变论"是股东间通过纯粹的股东"持股变化与权利切换"，是不以任何形式以静态持股为基础的合作——动态持股合作关系。本章首先按照已有的持股合作存在的形式，将股东间持股合作界定为三个层次，即静态"一元控制"的持股合作、静态"二元制衡"的持股合作与动态持股合作，然后对上述三类持股合作进行模拟分析，探索这三者在理论层面与实践层面存在的根本性差异，最后将"分时权变论"研究提升至哲学观展开分析。

6.1 "分时权变论"的分析

6.1.1 "两分法→多分法"的企业组织发展

通过对第 5 章的实证分析完成了分时权变在科技型企业中股东股权比例与合作机制形成机理的剖析,由研究的结果可知,分时权变的设计在股东股权比例与合作机制之间起到了中介效应的作用,即分时权变将影响科技型企业股东持股情况,从而带来股东间合作经营行为。本书将遵循"理论→实践→理论"科学研究主线,最后从理论上找出分时权变影响股东股权比例与合作机制形成的根源。

科技型企业中投资方的投资信心、科技方的技术研发动力均来自分时权变设计,即分时权变设计前期对科技方的收益进行放大、对投资方的风险进行锁定;后期对投资方的收益进行分享和科技方的风险进行锁定,双方在分时权变的作用下实现对"担风险、均共赢"重新认识。而这样的作用方式扩展了企业边界的分析模型,从两分法的"企业—市场"向三分法的"企业—网络—市场"转变,经过演化"三分法"逐渐演变为企业网络理论(谭学婧和王文倩,2004)网络的广义内涵是由信息单元所组成的多维向量空间,泛指与企业活动有关的一切相互关系的活动,是企业赖以生存和发展的基础。网络的狭义内涵是市场和企业长久以来相互作用和替代而形成的企业契约关系或制度安排。理查森(Richardson,2010)的研究表明,资源具有的依赖性、组织间活动的互补性,导致组织间活动需要相互协调,但是这种协调不是通过企业整体来协调,也不是通过政府计划协调,而是通过企业间的多样化契约安排来协调,它可

以有效推动技术的联合开发，对相关企业提供有效控制，可以降低
交易成本和生产成本，成为进入其他领域的桥梁。在管理实践中，
以股权为纽带的网络组织是最常见形式，这种形式能够形成比较持
久和稳定的集体内部联系。当组织内部存在多个股东，各成员既有
各自的经济利益也有共同的目标时，分时权变设计则为企业集团中
多个股东以持股情况变化改变股东股权比例变化进而代替多样化契
约提供了重要依据，如图 6-1 所示。

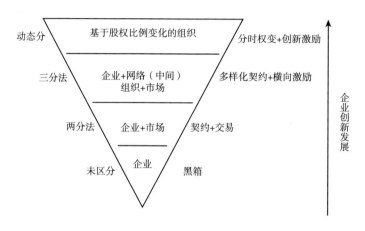

图 6-1　企业组织发展分析图示

资料来源：笔者绘制。

6.1.2　"分时权变论"的出现

本书将基于分时权变的动态持股理论界定为"分时权变论"，这
一理论的设想与论证，是在已有的企业股东股权结构理论研究角度之
外进行的一次探索性理论研究，是对现有股权结构理论框架体系的完
善与补充。通过前文的实证研究与理论分析，本部分将构建"分时权
变论"模型，如图 6-2 所示。由图 6-2 可知，在权变频率、权变振

幅与权变敏捷性的作用下（循环1），分时权变的控制权、收益权在切换中改变股东的持股情况，股东持股的变化对科技方收益放大、对投放资方风险锁定起关键性作用，从而实现经营中的风险共担、收益共赢（循环2）。循环1、循环2共同作用下完成循环3，企业快速发展，即"分时权变论"指导下企业获得快速发展。

然后，通过比较"分时权变论"与现有理性之间的"根性差异"，体现"分时权变论"的优势。现有关于股权结构理论，存在一定的争议，主要表现在没有构建一个完善清晰的理论逻辑体系，该理论的研究对象在不同的应用场景存在一些相同的特征。相比较而言，本书提出的"分时权变论"在理论基础、持股合作动机、持股合作机理、运行机制等方面与现有股权结构理论存在显著差异，并且在理论层面存在辩证与统一的关系，也就是说，既可以划入股权分配研究范畴，也具备实现股东持股合作机制的实际效果。基于此，本书将研究聚焦在发现上述理论以及持股合作机制的根本原因上，即需要通过理论的角度剖析两种股权结构间的根本性不同。

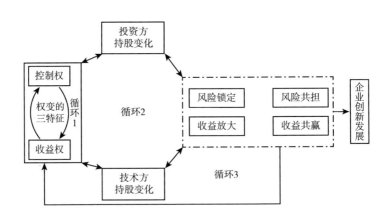

图 6 - 2　"分时权变论"模型图

资料来源：笔者整理。

6.2 不同持股合作的比较分析

与美国科技型企业股权的高度分散不同，中国科技型企业的股东持股正经历"集中→分离"阶段。本书通过对四川省科技厅、重庆市科技局 2019 年入库的科技型企业持股情况进行整理后发现，以技术入股的股东股权比例均值大于 50% 约占企业数量的 40% 以上、以资金入股的股东股权比例均值大于 50% 约占企业数量的 50% 以上；技术入股的股东与多个资金入股的股东并存时股权比例均值比 4∶3∶3、3∶4∶3、3∶3∶4 约占企业数量的 30% 、40% 、30% 。科技型企业中股权集中制正在向股权制衡度转变。同时，这些数据说明科技型企业中存在"一元控制"结构，即股东持股集中；存在"二元制衡"结构，即股东持股分散。本部分将重点分析股权相对集中情况、股权相对分散股东间合作的形成，探索不同股权结构下的持股合作。

6.2.1 静态"一元控制"的持股合作

科技型企业大多是股东合作型企业，一些企业创建初期会模仿上市的同行业股份企业的治理架构。但科技型企业与其他企业的不同之处是其构成中包括了以技术为筹码的持股股东，即一个科技方股东 + 一个投资方股东。因此，"一元控制"结构下的股东合作主要分为两种类别：一是技术股东股权比例超过 50% ，多方投资的其他股东股权比例少于 50% ；二是多方投资的其他股东股权比例高于 50% ，技术股东股权比例低于 50% ，但是高于 30% 。也就是说，在上述两种情况下科技型企业建立股东合作机制存在一定程度的持股制衡。如果技术股东或者投资方股东股权比例超过98%，处于绝对控制股地位时，便拥有了绝对控制权，此时股东无须与任何其他股东建立合作，即可顺利完成股东大会。因此，理论上，当股东拥有了绝对控制权后是不存在股东合作或者没有股东间合作机制的。当技术股东（投资方股东）股权比例在30%~70%（20%~80%）时，持股情况将从集中变为制衡，由于表决没有达到票数而失去控制权，股东大会在表决时可能会碰到其他股东的联合抵制。在上述这种情景下，技术股东会选择和其他投资方股东进行合作，建立风险共担、实现共赢的导向型决策合作，以此保证股东大会在投票表决时达到法定的票数规定。此外，随着合作的持续，股东股份的流动性比较通畅时，这种共赢导向型合作模式将会向创新激励导向型合作演化。除此之外，"一元控制"结构下还存在另一种合作模式，即其他主要股东在持股制衡机制中，以联合投票的方式，通过建立合作机制，形成对大股东的制衡。显而易见，这种合作模式对抑制大股东的"隧道行为"具有显著的影响作用。具体的"一元控制"结构下股东股份模拟分配表见表6-1。

表6-1　　　　　"一元控制"结构股东持股模拟分配表

情景	持股结构	结构分析	备注
1	50%；50%	平均分，股东权责不清，无共赢无激励，企业发展困难	避免
2	98%；2%	股东一股独大，无共赢无激励（无一票否决权）	避免
3	65%；35%	股东均有一票否决权，造成博弈	注意
4	70%；30%	领头股东控制权大，决策效率高（无一票否决权）	合理
5	80%；20%	领头股东控制权大，决策效率高（无一票否决权）	合理

注：两个股东的持股分配原则，领头股东的股权比例一般要超过67%。
资料来源：笔者绘制。

由表6-1可知，在"一元控制"权利结构下，因为股东持股较多，故其表现出的作用也至关重要，所以在合作机制中占据主动地位和具有优势；相比较而言，对于持股较低的股东则处于相对被动地位。

虽然也可以通过其他途径将他们的声音传递到股东大会，但是其作用会大大减弱。在以刺激技术不断研发的科技型企业中，股东间的合作一开始由技术股东其代理人主导，并且技术股所占比例越高，主导作用越强。随着科技型企业的成长，股东间的合作由投资方股东其代理人主导，并且技术股所占比例越高，主导作用越强。

6.2.2 静态"二元制衡"的持股合作

在"二元制衡"结构下的科技型企业中（一个科技方股东＋多个投资方股东），存在两种情形：一是部分股东持股相对较高，而且比较接近；二是一些股份分散在其他股东手里。基于此，所持股份较高的股东与其他股东之间既可以选择抗衡，也可以建立合作，选择建立合作的股东是为了获得控制权，选择建立对抗的股东是为了获得更多的收益权。

1. 互惠合作

由于多个股东的股权比例都不足以保证其单独获得企业的控制权，那么通过合作机制实现对企业的控制就是股东之间最方便且交易成本较低的方式。在合作过程中，通过沟通、互动、共享等方式，在股东之间创建利益共同体、构筑共同愿景，进而共同掌握企业的控制权。这样的合作是共赢导向型与创新激励导向型合作机制的混合体。根据对技术高管的访谈结果发现，更多情况下载股东投票前[1]，技术股东代表都会做一些必要的工作，如与投资方股东密谈，从而在表决过程中，这些股东与代表保持高度一致。显而易见，股东间的合作可以容

---

[1] 《中华人民共和国公司法》章程规定，股东会（董事会）表决过程中赞成票不过半是不能通过的，对于特定事务表决要达到三分之二以上方可生效。

易地保证投票超过半数，进而获得企业的控制权。作为投资方股东与投资方的合作，是在不能快速获取投资回报的情景下，通过获得控制权而选择退出以回笼成本。基于此，互惠合作是一种争夺控制权的合作机制，也就是说，股东的合作收益在较长的一段时期内将维持在较高水平，建立起了良好的合作基础。这样的合作以争夺控制权为主、切分收益权为辅，创新激励其他股东分担风险。此时，控制权受到收益权影响成为持股影响合作机制的结构性标志。但是，当无法满足任何一个股东自身利益时，这种合作机制就会存在以失败而告终的风险。

2. 对抗合作

如果股东之间在制度、情感和行为偏好三个层面的合作条件不能达到各自最低预期水平，基于资源差异而建立合作。同时，由于持股结构的特殊性和差异性，技术股东为了获得企业的控制权的目标而展开激烈的争夺，在争夺过程中，他们会构建起合作机制，积极争取更多其他投资方股东的支持，在股东大会投票环节争取占据优势，进而获取企业控制权的目标。期待获得企业最后的控制权，即获得收益权（退出时更多收益）。在双头强势对抗合作下，剩下的股东在实践中的地位和话语权会得到较大提升，并能够对企业合作效率产生一定的正向作用。例如，访谈中很多科技型企业中技术股东表示他们有一票否决权，少部分投资方股东表示他们有一票退出权。由于股东属性的不一样，技术股东更看重技术的不断创新，重视对技术的控制权，投资者股东看重投资回报的收益权。基于技术研发的控制权、基于投资回报的收益权归根结底是对企业最终控制权的获得。因此，在对抗合作模型中，将最终控制权进行了细分，即技术股东与其他新股东（技术股小股东或投资者小股东）就企业控制权展开技术不断创新的合作、投资者股东与其他新股东就企业收益权展开抗风险、增收益的合作。在控制权、收益权相互影响中股东开启对抗合作，制度因素、情感因素和行为因素在各股东间都发挥了重要作用。"二元制衡"结构下股东股权模拟分配表见表6-2。

表6-2　　　　　"二元制衡"结构股东持股模拟分配表

情景	持股结构	结构分析	备注
1	33.3%；33.3%；33.3%	技术股东、投资者股东与其他新股东（技术股小股东或投资者小股东）平均分，股东权责不清，无共赢无激励，企业发展困难	避免
2	90%；6%；4%	此时，三类股东出现（技术股东、投资者股东）一股独大，无共赢无激励（无一票否决权）	避免
3	40%；40%；20%　48%；45%；7%	此时，两类大股东（技术股东、投资者股东）均有一票否决权。由于股权比例未过半，重大事情须所有股东同意，易产生合作中的"合作"	注意
4	70%；20%；10%	领头股东（技术股东或投资者股东）控制权大，决策效率高（无一票否决权）	合理
5	60%；30%；10%	领头股东（技术股东或投资者股东）控制权大，决策效率高（无一票否决权）	合理

注：三个股东的持股分配原则，领头股东的持股要超过另外两位之和。
资料来源：笔者绘制。

6.2.3　"控制与制衡"动态持股合作

由表6-1、表6-2可知，在"一元控制"结构、"二元制衡"结构均出现了值得注意的地方，即情景3。情景3中，股权比例相对较高且相差不多的股东为了获得最后的控制权（绝对控制权），必经历情景4、情景5，通过获得控制权实现目标。因此，企业在发展的特定时间（时机）将企业权利进行分离，股东通过股权比例变化改变股东权利，股东间的合作显得十分重要，即在合适的时机、权利分离的前提下，股东可将自己的持股数转给其他股东以使其获得更多股份，进而调整股权结构，变化的股权结构影响控制权（收益权）的变化——

分时权变。因此，分时权变动态保障了任意两个股东的合作都可能获得企业的控制权（收益权），若有其他股东的存在将作为一种制衡机制，监督股东在合作过程避免出现情景1、情景2。分时权变作为一种新型的动态持股合作机制，有效解决了股东间合作并不能完全保证决策的时效性和正确性。相比较而言，股东间在共享共赢、防风险、高效率决策基础上建立起来的合作机制是一种更好的策略选择。也就是说，股东间通过建立创新激励导向或共赢导向的合作机制，能在股东大会表决过程中获得高度一致性，可以有效避免股权制衡和控制权争夺带来的一系列负面影响。基于以上逻辑，在表6-1和表6-2优化的基础上获得了动态结构股东持股模拟分配表，见表6-3。

表6-3　　　　　　　　动态结构股东持股模拟分配表

情景	持股结构	结构分析	备注
1	55%、45%；X%	X是动态权变比例，动态变化的结果为表6-1的情景4	合理
2	35%、65%；X%	X是动态权变比例，动态变化的结果为表6-1的情景5	合理
3	55%、25%、20%；X%	X是动态权变比例，动态变化的结果接近表6-2的情景4，满足领头股东的股权要超过另外两位之和	合理（涉及股东一对一转让）
4	55%、25%、20%；X%	X是动态权变比例，动态变化的结果接近表6-2的情景5，满足领头股东的股权要超过另外两位之和	合理（涉及股东一对多转让）

注：X的取值是0~15%。

表6-3中所列出的四种持股结构情景，是股东在进行合作时股权比例的组合，X为股东可转让的股权。表6-3中情景1中股东将手中45%的股权比例转出15%给另一个股东，此时股东们持股情况为70%、30%，与表6-1中情景4一致，若情景1中股权比例为55%的股东是不能将其手中股份转让的，一旦他转出股东们持股情

况为 40% 、60% ，就造成了股东双方的博弈，给企业决策带来影响。表 6 - 3 中情景 2 与情景 1 同理可得，股东通过股份转让后股权结构与表 6 - 1 中情景 5 一致，为了避免股东双方的博弈，股权比例为 65% 的股东是不能将其手中股份转让的。表 6 - 3 中情景 3 中股权比例为 25% 的股东、20% 的股东转出 15% 给第一个股东，此时股东们持股情况为 70% 、20% （25%） 、10% （5%），与表 6 - 2 中情景 4 接近；25% 的股东与 20% 的股东之间相互转让 15% 的股权比例后构成的股权结构也是合理的，因为转让后领头股东的股权始终是超过另外两位之和。表 6 - 3 中情景 4，股东间股权结构与情景 3 相同，但是由于股东转让的主体发生了变化，之前是一对一转让，现在是一对多转让。因此，股权比例为 20% 、25% 的股东可将自己股份转让给其他两个股东，此时股东们持股情况为 60% 、30% 、10%，与表 6 - 2 中情景 5 接近。以上四种情况在动态权利转变过程中保障了科技型企业快速发展。科技型企业快速发展关键是技术股东、投资方股东在企业发展的关键时期采用了的动态股权设计方案，动态股权设计使控制权、收益权在股东之间不断切换创新激励技术股东不断技术研发、投资方股东持续投资，推动科技型企业不断发展。这就如同日本的"稻文化"，经过长期的酝酿、发展，形成一种稳定的合作关系并通过合作来化解各方风险，互惠互利，实现共赢。由此，"分时权变论"指导下动态持股合作机制的出现。

6.3　"分时权变论"的管理哲学分析

哲学上的"经权说"实际上是中国古代哲学中"常""变"认识在政治理论领域的具体化。而"常"与"变"又是传统哲学理论体系，既能充分体现中国哲学辩证色彩又具有最大适应性范畴，构成了中国哲学辩证思维的最坚实基础。传统文化是从"天人之际"的角度来认识"常"与"变"的。"变"是中国人视为当然的观念，充斥于人们对一切未知事物的认识。例如，于自然是"高岸为谷，深谷为陵"，于宇宙则"天地竟不能以一瞬"，于人生则有生老病死，乃至于"无常"，于家、国、天下，则有盛衰兴亡。文化元典《周易》最早提出并探讨了"变"和"常"的关系问题（高原，2008）。《周易》认为，客观世界中尽管充满了"变"，但"变"是有规律的，"变"的原因和根源也不在于"变"本身，而是有着其内在的根据，这些依据和规律就是"常"，它是客观存在的，是无所不在的"自然之道"，因而是绝对的，而"变"是相对的，是有迹可寻的，所谓"变者用也，不变者体也"（吕力，2014）。从"体用"的角度论，则"常"永远是在按自己的规律运行和存在，并不以人们的意志为转移。同时，识"变"是为了达于"常"，认识了"常"，并遵循和把握"常"以应对现实世界中的"变"，才是认识的目的和归宿。这个"常"在企业界就是企业成长之道，是一套规律，其在企业经营中体现为企业经营机制。

可见，中国传统哲学中的"变""常"认识在强调"常"的同时，本身就承认"变"的客观存在，即承认了"权变"的合理性（麻尧宾，2004）。毕竟，任何事物都存在着常态和变态的区别，而企业中"变""常"关系的复杂性，也要求企业管理者必须统筹运用或"变"或"常"的不同方法，以应对不同的情况。也就是说，在某些特殊情况下企业必须"从权达变"，调整经营策略，才能适应企业成长过程中碰见的各种具体情况。这也回应了名言"理论是灰色的"。企业经营哲学也是如此。任何一种企业理论在被推行于社会实践的过程中都必须有其自我调节的机制，如果不具备一定程度的调适能力和伸缩性，无论其体系如何严密、如何完善,都势必在经营实践中碰壁。而儒家基于"变常之道"引申出的企业经营理论——"经权之道",其本身包含了"守经"与"变通"这两个相辅相成的方面,包含着正确处理和把握企业成长中原则性和灵活性关系的认识,因而提供了"分时权变"方法论的依据。

在企业经营中何谓经营之道?显然,"道"与儒家的"经权说"有相当密切的关系。"道"是中国哲学中的一个核心概念,孔子说"天下有道则见,无道则隐"(《论语·泰伯》)(肖时钧,2013)。孟子说:"天下有道,以道殉身;天下无道,以身殉道;未闻以道殉乎人者也"(《孟子·尽心上》)(肖时钧,2013)。从以上角度讲,各家对"道"的研究的核心是对事情发展的主要矛盾和矛盾的主要方面进行分析。总之,适其时,取其中,得其宜,合其道,是儒家经权方法论的精髓。西方权变理论对我国科技型企业的成长指导作用是有限的,不少学者开始从我国传统思想中寻求解决方法,以孔孟为代表的哲学观,其博大精深的管理智慧对于科技型企业的成长的价值逐渐为人所重视,尤其是经权哲学,含有丰富辩证法思想,弥补了西方权变管理理论的不足,是科技型企业的成长突破困境的钥匙。

6.3.1 适于"时"

行权除了在程度上的适度(中)外,在时间度上的把握也至关重要。执经行权所说的度,从动态来说,是随着时间(时机)的不同而变化的。在此时合理的度,到了彼时就需要做出修正(王彦威和郭贵川,2011)。孔子说:"君子之中庸也,君子而时中"。所谓"时",就是要合乎时宜,要在动态中灵活变化。科技型企业经营同打仗作战一样也要讲究适时。作为企业的股东,就需要时刻关注战局的发展变化,不停地根据形势作出应对的战术，以抓住出现的战机。科技型企业在成长中常常出现科技方研发资金不到位、投资方对技术研发不了解……导致企业经营中时机没有掌握好。所以，企业中股东在从事具体经营时，一定要掌握好时机，进行适时管理，这样才能起到事半功倍的效果。《战国策·曹刿论战》中曹刿提出：敲第一遍鼓时，敌人士气正盛，不能出战；等到再而衰，三而竭之时，敌人士气衰弱了，便是出战的好机会（肖时钧，2013）。科技型企业中科技方股东要善于利用时机（外部市场的机会、与投资方股东沟通的机会、优化机制设计的机会）不断对技术进行研发，在科技型企业中技术股东与投资者股东间通过时间（时机）实现控制权与收益权的合作，最终双方共赢的局面。如何把握这个时间上的"刻度"呢？做好经营策略选择，"随遇而动"或"顺势而行"。

所谓随遇而动，在科技型企业中就经营行为而言，股东间合作不是主观强求，而是双方股东根据股东外部环境、股东双方内生需求把握时机而展开合作。在科技型企业日常经营管理中如何有效地保持投资方股东对新产品持续产生兴趣，进而吸引其继续资金投入，是科技方股东需求的内因；如何实现保障投资方股东持续高额营利，进而主动继续投入资金，是投资方股东需求的内因。企业技术员工（管理员工）在统一的思想认识中实现内因。投资方股东的退出与一波波的进入是科技型企业经营管理的外因。科技型企业在成长的不同阶段会碰见不同的投资方进入，投资方何时进、怎么进取决于科技型企业经营发展的实际情况与科技方股东与投资方股东就持股问题是否统一思想，从而构成了科技型企业发展的外因。外因与内因的需要联动变化，才会产生共鸣发挥作用。当科技型企业中科技方股东的思想处在闭合状态时，专注于技术研发的股东很难受到外界刺激对其的影响，进而可能导致科技型企业创业的失败。科技方股东的思想处于开启状态时，科技方股东为了实现企业快速成长，股东在技术研发不断突破中与投资方股东建立沟通，诱发投资方股东继续投资或吸引其他投资方股东进入。此时，形成内外互动的合作机制，双方均随势而行。孙子说："合于利而动，不合于利而止"[①]，即只在符合己方的利益才出战，不符合己方的利益就停止。这里的"是否合于利"是考虑问题的焦点，科技型企业在成长过程中，投资方股东考虑的第一要素就是利益，只是利益获得它将分为短期利益与长期利益、战略利益。因此，科技方股东与投资方股东创新合作，即内因在起作用时，情况一，投资方股东将短期利益让渡给科技方股东，保障并激励其不断技术研发，此时科技方股东应顺势而为，勇攀高峰；情况二，科技方股东将企业的控制权让渡给投资方股东，投资方股东将获得企业更大利益，从而吸引其不断增加投资，此时投资方股东应顺势而为，谋取收益最大。具备速战速决、先发制人的条件，而不立刻采取行动，那是保守主义，必然会错失拓展市场及获得高额利润的良机；实力尚不具备、条件尚欠火候，却贸然发起进攻，那是冒险主义，必然遭到迎头痛击，导致损兵丢失城池。科技型企业科技方股东应该清楚：利可弃（控制权可小），机必争（技术发展的机遇必争取）；投资方股东应该清楚：机可弃（为企业发展创造机遇），利必争（收益权最后最大），当然，双方的"利"一定要站在企业全局、长远的角度去处理、去合作，否则，易使科技型企业陷入创业失败的困境。

6.3.2 取于"变"

哲学观认为作为企业投资者（管理者）应该善于发挥自身的能动

---

① 参见《孙子兵法·九地篇》。

性，掌握"变"的精髓，结合变化的环境灵活处理问题、审时度势。执中用权——执中不是取中点，而是取合理的部分，把握好一个合理的度。

"中"是适中、合适的意思。就是说，科技型企业的科技方股东要所采取的经营行为要与实际情况相符合，做到适中。要做到适中的境界的方法概括归纳为两点，即"执两用中"与"执中用权"。"执两用中"强调在科技方股东在考虑问题时，要整体全局出发，从事物相互对立的方面入手，找到科技型企业成长中关键问题。利用合适的时机，恰如其分地与投资方股东的商讨企业发展的问题。"执中用权"强调这个度也不是一成不变的，而是动态发展之中、因时制宜的"度"。"适中"就是强调企业经营中的辩证法，股东们不能片面地看待问题、思考问题，在思考问题时考虑到各方主体的两面。科技型企业科技方股东（投资方股东）应该系统地看待新问题，双方用创新的合作方式实现"适中"。"时宜"就是强调管理中的动态性，要不断在发展中达到预期的目标，必须掌握"适中之道""时宜之道"。科技型企业中双方股东分时权变的权变精准度、权变频率均论证了执中、时宜的合作关系。

有效应用适"中"管理应从以下两个方面入手：第一，要树立起"度"的观念。科技型企业中科技方股东要做好管理经营工作，对所管理业务、投资方股东的资金要有全面的认识。在此基础上，通过具体的观察（数量）分析，找出其变化特征和规律，按照规律进行精准管理，恰到好处地处理科技方股东与投资方股东的具体事务，提升双方的信任感。第二，找准最佳度。西蒙说，管理就是决策。科技方股东、投资方股东就面临的新问题进行分析、选择与决策而展开创新合作；为了共赢（科技方获得技术研发成功、投资方获得丰厚收益），通过对谁的让渡权利，实现最优化的管理。以上两点在科技型企业创新经营中利用分时权变机制的权变精准度实现执中管理，利用权变的频率实现宜时管理，从而使得科技型企业在发展中占领市场，在市场机遇中获得快速发展。

6.3.3　合于"道"

"道"含有规律、道理、道术等多重含义。"道"的基本含义就是循道而为的经营方式，即运行机制。具体讲包括两层意思：其一，要正确认知（识别）道及道逻辑的存在。道的存在是通过主观观察能够认知和提炼的。其二，要顺应道的要求（道逻辑）。"顺道""循轨"，是哲学管理活动的重要指导思想。其作用的机理是：挖掘规律、遵循规律，人的行为所受到的阻力就小，助力就越大。

循道而治是管理成败的关键。儒家把仁义之德称为道，《论语》中孔子说："志于道""朝闻道，夕死可矣"（杨国荣，2013）。因此，科技型企业在制订快速成长计划时，要从"义"的角度来谋划企业发展阶段，需要有看得远、想得深的战略高度。"义"的把握在先秦儒家思想中就体现在其"义利观"上，见利思义决胜科技型企业经营成败的秘诀。"义利观"要求科技型企业科技方股东在进行技术研发时要以市场需求为导向，在顾客获得满足的前提下，设计获取产品合理的利润。更快占领以顾客为主体的市场，是科技型企业占领市场的唯一法宝，投资方股东也会因市场占有率的情况来衡量科技型企业未来的发展走势。因此，科技型企业中双方股东经营儒家经权管理思想，经权思想的核心之一就是"义"。"义"即恰到好处，而合作的最高境界就是做到合作各方股东的"恰到好处"。

第7章 研究结论与展望

本书探索了科技型企业中分时权变视角对企业快速发展的影响，深入探讨了科技型企业中分时权变对股东股权比例与合作机制的运行作用；拓展了股权激励理论、权变理论、两权分离理论与企业治理理论等相关理论，同时对我国科技型企业（初创期）股东股权情况、股东合作等治理方面的管理实践有一定的指导意义。本章将对本研究取得的主要结论、相关管理启示，对存在的研究局限以及未来研究展望进行详细介绍。

7.1 研究结论

股东股权比例的变化对科技型企业发展具有重要的作用。目前，我国经济增长中扮演着愈加重要角色的科技型企业，其规模较小、外部资源较少等特点使得这些企业中的股东自带资源成了其发展的主要依靠，是起决定性作用的重要资源。目前，关于对科技型企业股东资源重要性的认识仅停留在有意识地支持投资方股东加入，但如何激发投资方股东与科技方股东共同发挥潜在作用、如何挖掘这些潜在作用对股东创新经营与其他因素产生相互影响仍然缺乏很好的研究。学术界关于现代企业的股权结构对上市公司绩效的影响的研究已较为成熟，股权分配问题也被证明是公司治理的一个关键环节与重要工具。在"双创"号召下，学者们和实践者逐渐注意到具有初创企业特征、高新技术企业特征的科技型企业股东股权比例对合作机制的影响与成熟大型上市企业股东持股对股东合作机制影响存在不同。因此，关于科技型企业股东股权比例与合作机制的前因变量的研究是一个刚刚起步、亟待发展的领域。

基于以上研究空缺，本书以分时权变为视角探索其对股东股权比例与合作机制的作用。首先，研究了科技型企业股东股权比例与合作机制的成因及作用；其次，运用扎根理论分析了分时权变特征形成的过程；再次，根据已有文献提出相应的研究假设，开展样本的数据分析，利用问卷调查获取成渝两地国家高新区中科技型企业的一手数据，通过描述性统计、相关性分析、多元回归分析、结构方程模型等多种数理方法，对假设的理论概念模型进行了深入研究与验证；最后，遵循"理论—实践—理论"的科学研究逻辑，再次回到理论层面展开进一步分析。综上所述，本书主要得出以下几点重要结论。

（1）在股东股权比例的变化与合作机制的形成研究中挖掘了分时权变新视角。现有的研究大多以上市公司为对象，探索上市公司的股权结构对公司发展的影响，成熟的上市公司股东类型较为复杂，股东持股情况构成的公司股权结构也较为复杂，常见有股权集中结构、股权制衡结构。因此，影响股东合作机制的因素是较为松散的。本书首先注意到学者对合作机制研究的演变，发现越来越多的研究聚焦在股东的合作机制出现上，影响股东合作机制的主要因素是股东股权比例。然后对股东股权的变化原理展开分析，上市公司较为复杂的股东股权比例归根于不同类型的股权结构。从增持、减持角度对股东股权比例变化的动因展开分析，分析发现股东对企业控制权的关注与股东中是否出现国有股东无直接相关，虽然已有不少学者的研究均认同国有股东会更加关注企业控制权，如陈金勇（2019）、李常青等（2018）等，但还有一些学者开始认为非国有股东同样在意企业控制权，如高闯和张清（2017）、刘静和张海凡（2017）等，因为这些股东认为拥有了企业控制权，企业的所有将可控。同时，一些学者的研究发现在创业初期的企业中，股东对企业的收益情况也是很关注的，因为未来可能的收益多少对投资有直接影响，即收益权大小决定了投资的多少，霍晓萍等（2019）也认同这一逻辑。受股东股权比例影响的合作机制其本质是依靠股东动态持股安排实现的，而分时权变的分时性与分离性，为股东分担风险、收益共赢提供了可能。对企业风险的关注是学者们的焦点，已有较多成熟的研究成果显示上市公司风险源自股东间信息不对称。而科技型企业的风险管理源自科技方股东研发的风险、投资方股东投资的风险，因此两类风险也越来越受关注，防止两类风险除了与股东股权比例变化有关，还受分时权变分时性、分离性带来的股东权利变化的影响。因此，在对以上效果讨论的基础上，本书发现分时权变为解决以上问题提供全新的视角。

（2）获得了衡量分时权变的量表。分时权变为研究股东股权比例与合作机制提供全新视角。为了弄清分时权变特征的维度，本书以扎根理论为研究方法定性对分时权变的特征开展探索。按照扎根理论的研究逻辑，本书以重庆两江新区中典型科技型企业、风投机构展开研究，基于6家样本企业的55条原始资料就"控制权与收益权切换→定向合作、可调合作"的经营情况展开扎根编码，根据三级编码逻辑提取分时权变的特征［控制权、收益权变化（权变）的边界；控制权、收益权变化（权变）的频率；控制权、收益权变化（权变）的精准度；控制权、收益权变化（权变）的振幅］。其中，权变边界包含1个维度（次要范畴）：控制权、收益权变化的出现（消失）；权变的频率包含2个维度（次要范畴）：多边控制权、多边收益权发生变化（绝对控制权、战略收益权发生变化）；多边控制权、多边收益权发生变化（绝对控制权、战略控制权、战略收益权发生变化）；权变的精准度包含2个维度（次要范畴）：单边控制权、多边收益权不变化（绝对控制权、战略控制权发生变化）；单边控制权、多边收益权发生变化（绝对控制权、战略控制权与绝对收益权发生变化）；权变的振幅包含1个维度（次要范畴）：控制权、收益权变化的影响力。进一步分析特征析出的原因，获得了衡量分时权变量表的题项，弥补了学者邱国栋和黄睿（2015）未对分时权变进行特征定性分析的不足。接下来，将获得的量表题项进行题项检查、预调研与数理验证（效度和信度分析），获得衡量分时权变的量表。

（3）探索了分时权变在股东股权比例与合作机制之间的中介效应。首先，以已有文献为基础，根据文献分析梳理出股东股权比例、分时权变、合作机制三者之间的逻辑关系，即科技方股东（投资方股东）股权情况被分时权变改变，权利的变化给股东带来创新激励，刺激股东实现定向合作（可调合作），股东在合作中对风险共担、收益共赢产生重新认识，双方的有效合作优化了决策效率，形成合作机制，随后提出13个假设，根据假设构建了本部分拟求证的概念模型。随后，对成渝国家高新区中的近百家科技型企业进行调研与问卷调查、收集数据，利用多种数理统计工具进行信度、效度检验，展开多元回归分析，通过多元回归挖掘出分时权变、股东股权比例与合作机制三者中两两之间的关系，接下来按照概念模型中的假设一步一步进行中介效应验证，最后利用结构方程模型将概念模型进行拟合，从而求证了在股东股权比例与合作机制之间分时权变存在中介效应。13个假设中，除了H2a、H3a与H4a不成立，其他假设均通过验证，其中权变的频率（核心集）在股东股权比例与合作机制之间发挥完全中介效应、权变的精准度（权变洞）与权变的振幅（敏捷性）在股东股权比例与合作机制之间发挥部分中介作用。科技型企业的重要时间节点上（继续注资、技术突破、IT 资源的利用等）控制权与收益权切换一次对股东有创新激励，但如果该节点（投资方退出）属于不好影响同样也会创新激励股东。因此，创新激励改变了科技方股东（投资方股东）的有效合作方式（定向合作、可调合作），双方股东在合作中对风险共担、收益共赢重新认识，双方的有效合作优化了决策效率，形成合作机制。由于科技型企业快速发展的重要时间节点的事件是中性的，故分时权变特征显现出完全中介与部分中介。以上研究结论，厘清了三者之间的关系，即剖析了分时权变视角下其对股东股权比例与合作机制的作用机理，部分支持了高闯（2017）、王春艳（2016）等学者的研究成果，完善了陈逢文等（2012）对创业企业、收益分配治理的研究。

（4）提出了"分时权变论"并分析其与现有股权理论的根性差异。通过实证分析求证了分时权变在股东股权比例与合作机制中的中介作用。按照"理论→实践→理论"的科学研究逻辑，本书再次回到理论层面，通过对企业组织理论"两分法→三分法"的分析，确定了"分时权变论"的存在。对不同持股合作机制（静态"一元控制"结构、静态"二元制衡"结构）进行比较，由比较可知在科技型企业发展中"分时权变论"将作为一种理论指导股东动态持股合作机制，即"分时权变论"是股东动态持股方案的理论源头。最后，运用管理哲学观的思维方式，从适于"时"、取于"变"、合于"道"分析了"分时权变论"根性差异。

7.2　相关管理启示

本书结合科技型企业快速发展过程中面临的实际问题，分析了分时权变对科技型企业股东股权比例与合作机制的影响。对于科技型企业中如何激励股东，使其价值发挥最大、如何结合自身发展时机（时间、需求）选择合适的股东股权比例有较为重要的借鉴意义。具体而言，本书的结论对科技型企业的管理实践具有四个方面的启示。

（1）科技型企业在成立初期建立股东团队时，应关注双方股东的股权比例情况及比例可能的变化形式。随着科技型企业的不断涌现，科技型企业获取外部资源成本较高，企业应首先积极利用好科技方股东与投资方股东各自带来的优质资源，在经营中随着股东间的不断创新融合为企业弥补差异化资源，实现溢出。尤其是科技方股东技术研发能力、投资方股东投资资金与创业投资经验等与科技型企业的快速发展密切相关，在快速发展中改变了这些企业股东间合作关系，实现了对风险与收益的重识，优化了决策效率，构建了合作机制。为企业带来竞争优势，因此，这类企业更应重视和积极争取企业中重要的资源。

（2）科技型企业在确定股东初始持股情况以及进行股份后续调整的过程中，需要避免过于平均或过于集中的持股情况。股东股权比例过大而出现的股东控制权高度集中，这样的情况会利于大股东从牺牲小股东利益中获益，丧失了小股东在企业中潜在的互补价值；同时，资深投资人眼中较为公认的错误是收益平均分配，因此，收益分配的过于平均也会为企业的后续发展埋下隐患，从而使企业的市场估值降低。因此，尽管采用基于分时权变的动态持股会增加股东间的协商成本，但为了保障科技型企业快速发展，应当根据企业股东的实际情况等选择较为合适的动态持股，通过动态持股实现股东间的各种合作方式。

（3）除了对股东股权比例的关注以外，可应用分时权变影响股东合作机制。在委托代理、利益相关者眼中，科技型企业通常比成熟的上市公司具有更大的不确定性、信息不对称性，因此这些企业应合适利用分时权变设计的动态变化创新激励股东实现创新经营、挖掘创新资源，支持科技方股东实现技术研发（投资方持续投资）等。例如，当科技型企业引入新的资金或技术发生改变时，股东持股情况的变化影响股东控制权、收益权的变化，分时权变设计激励股东创新经营，从而向外界释放出企业获得了更高、更稳的价值资源信号，在改变股东有效合作方式的同时也可增强对企业发展前景的信心。另外，分时权变设计反映出了企业股东对经营风险、收益分配，决策效率优化将对合作机制形成有一定的促进作用，不过需要注意的是，这类变化的长期影响更多的还是取决于分时权变权利变化的实际原因。与以上积极信号相反，某些原因导致的分时权变改变也会释放出不利于股东合作的负面信号，例如资金退出或技术瓶颈等，科技型企业应当尽量避免此类情况带来的分时权变发生。

（4）科技型企业应当重视股东股权比例与分时权变的关系问题。股东大会上讨论持股分配后，股东会通过持股情况（股权比例）感受到企业对自身价值的判断、重视与认同，股东的持股情况与股东为企业提供的资源匹配程度会决定股东是否认为自身得到了公平（心中期盼）的对待，并对股东后续的资源投入产生较为重要的激励。技术研发能力强的科技方股东对科技型企业具有相对较高的价值，当科技方股东将持有股份转让给投资方股东时，科技方股东暂时放弃短期回报，同理投资方股东也可能暂时放弃短期回报。因此，对于价值较高、为企业带来核心竞争优势的股东，科技型企业应当尽量动态满足其投入与所得回报之间的匹配，分时权变在动态设计了满足股东对企业控制欲，通过争夺控制权为股东提供创新激励。当影响到其他股东的既得短期利益，而无法给予高价值股东更多持股激励（股份）时，也应通过战略收益（期权、绩效工资等其他形式）补偿这些股东从企业经营中获得的回报，尽量减少不利于企业成长的负面激励。

7.3　研究局限

本书基于分时权变视角分析了科技型企业中其对股东股权比例与合作机制的影响。虽然得出了具有一定价值的理论贡献和管理实践的结论，然而本书在以下三个方面仍然存在不足：

第一，探讨了分时权变对股东股权比例与合作机制的影响，但未能完整地对后续企业发展绩效开展研究。由于科技型企业这一群体具有较多初创企业的特征、股东通常也是企业的管理者，本书认为对于这一特殊群体而言股东与企业的发展状况之间有着更为紧密和直接的联系，股东们通过其双重身份对控制企业产生影响。股东间持股合作机制既体现在所有者的战略决策中、又体现在企业管理者的经营决策中，因此，分时权变的设计影响了股东股权比例，通过股东大会形成合作机制。这一观点也与赫尔曼（Hellmann et al.，2011，2017）、布雷格斯特（Breugst et al.，2015）等近年来较有影响力的创业企业股权分配影响研究得出的结论一致。然而，由于本书未能获取样本企业经营绩效的信息，忽略了一部分对企业绩效的影响因素。如果能够从绩效数据中分析科技型企业股东持股合作机制对企业绩效的影响，则可以较为全面地分析股权比例、分时权变、合作机制对企业绩效的改变，从而对科技型企业合作机制的后续影响因素有一个更加全面的认识。

第二，本书对分时权变作用的分析还未完全完善。在对典型科技型企业进行扎根分析后，本书获得了分时权变的特征与维度，通过小样本数据对获得维度进行信度与效度的验证，从而获得了衡量分时权变的量表。分时权变是本研究新引入的视角，在对其进行定性分析时，由于调查过程中部分涉及公司商业秘密、股东合同等，因此导致在获得关键时期的一些一手资料时存在不完全对应的情况。理想的状态是，能够获取科技型企业一些重要指标是随着股权比例的变化发生的，例如融资阶段、里程碑事件等，同时也能够辅以具有代表性的案例访谈，通过采用事件分析法等探讨这些企业成长过程中经历的重要变化来探索出分时权变发生的原因。在与科技型企业的访谈中也了解到，这些企业的股权结构、治理模式等通常在风险资本进入（前后）会有较大的变化，然而这些方面的差异较难通过"准确点"获得其数据得以体现，需要进行更加深入的跟踪。

第三，本书所用的样本数据存在一定的局限性，且其外部有效性有待验证。本书实证研究部分所用的数据涵盖了成渝国家高新区中近百家科技型企业，由于成渝国家高新区作为我国西部科技型企业的重要聚集地，入驻了一大批处于各个发展阶段的科技型企业，以这一群体作为样本得出的分析结论对于其他同类企业具有较好的代表性。然而，这一做法不可避免地忽略了不同城市的经济发展水平差异以及其他地域性差异导致的各地科技型企业在成长中面临的问题可能存在一定的区别，并且样本企业作为已有风投资金进入的企业存在一定的选择性，即自身发展情况较差的科技型企业原本就不会去主动吸引风投资金，因此无法进入本书所用的样本之中。因此，最为合理的做法是在能够保证数据可得性的前提下对区域各类（各行业）科技型企业进行随机抽样，当然这一做法的实现难度较大；也可以采用除了成渝两地国家高新区以外其他较有代表性的科技型企业数据作为样本进行类似的分析，并将得出的结果与本书的结论进行横向对比，以验证其外部有效性。

7.4　未来研究展望

延续本书探讨的研究主题与得出的结论，在将来的研究中可以进一步对以下三个方面的问题展开更加深入的分析。

第一，结合科技型企业股东持有资源的变化，分析股东股权比例如何随着企业成长而改变。本书的实证分析部分对股东股权比例的衡量主要是通过股东大会上的股东讨论确定的，并没有做到对企业股东大会怎么确定做进一步后续追踪。陈威和孙小鹏（2014）等关注科技型企业股东持股对企业价值的影响，通过实证分析发现了管理层持股对企业价值有直接相关影响，在今后对于科技型企业中其他股东对企业价值的研究也可以采用上市公司的动态数据，从而更加准确地说明不同股东持股的变化对企业发展产生的影响。由于获取大量科技型企业（特别是未上市的科技型企业）股东股权比例的动态数据的难度较大。可通过对这类企业连续跟踪、包含股东投入的统计数据或是项目申请材料进行抽样或是作为企业股东成员对典型企业进行系统规范的研究可能是更具有可行性的做法。

第二，分析科技型企业股东股权比例、分时权变对于企业创新绩效的作用。本研究的结果变量之一是科技型企业的合作机制，然而对于这类企业，其经营活动也具有很强的科技性，除了合作机制之外许多创新绩效研究源自股东合作，因此，研究还可对企业创新绩效及影响因素进行分析并总结有价值的结论。本书探讨的股东股权比例与分时权变之间的相互关系、股东股权比例的作用机制等不一定仅作用于科技型企业的经营表现，可能也会对其财务创新能力有某些重要的作用。今后的研究可以结合这些企业专利申请、新产品销售等方面的数据，对股东股权比例、分时权变与企业创新绩效的关系进行探究，为科技型企业的创新活动给予更多的指导。

第三，关于分时权变，虽然它的提出既有明确的理论根源又提炼于典型企业组织的经营实践现象，但研究的维度多还有待进一步细化。分时权变的设计是多个理论融合的结晶，因此，它除了在科技型企业经营管理中对股东合作起作用，在其他企业（国有企业、成熟型企业、混合制企业）中也将起一定的作用。在求证作用功效的过程中，不断丰富其内涵、完善其边界，进一步有效指导企业创新活动。

附　　录

附录1　分时权变量表题项

编号	测量题项
1	科技型企业的控制权（收益权）主要包括绝对控制权（收益权）、战略控制权（收益权），以股东持股情况（数量）衡量大小，投资方以投资金额契约入股、科技方以新技术契约入股
2	股东关注科技型企业的控制权、收益权，契约合作
3	技术研发阶段，科技方绝对控制权大、战略控制权大；战略收益权大、绝对收益权小，实施定向合作
4	技术研发阶段，投资方绝对控制权小、战略控制权小；战略收益权小、绝对收益权小，实施定向合作
5	保障企业创业（鼓励投资），科技方绝对控制权小（战略控制权大）、战略收益权小（绝对收益权小），实施定向合作
6	保障企业创业（资金进入），投资方绝对控制权大（战略控制权小）、战略收益权大（绝对收益权小），通过股权设计保障科技方战略控制权大于投资方绝对控制权，实施定向合作
7	产品商业模式初成，科技方绝对控制权大（战略控制权大）、绝对收益权小（战略收益权大），实施可调合作
8	产品商业模式初成，投资方绝对控制权小（战略控制权小）、绝对收益权小（战略收益权大），实施可调合作
9	为了提升市场占有率（鼓励投资），科技方绝对控制权小（战略控制权大）、绝对收益权小（战略收益权小），实施可调合作

编号	测量题项
10	为了提升市场占有率（鼓励投资），投资方绝对控制权大（战略控制权小）、绝对收益权大（战略收益权小），通过股权设计保障科技方战略控制权大于投资方绝对控制权，实施可调合作
11	科技企业的快速发展，吸引更多投资方加入，合作被其他投资方认为是有效的
12	行业机构看好企业的前景，合作被行业认为是有效的

注：绝对控制（收益）权主要是指股东的股权大小的情况，当股权比例＞67％时，即为绝对控制（收益）。战略控制（收益）权是相较于绝对控制（收益）权出现的，主要是指从科技型企业战略管理的角度出发股东可以通过小比例股权控制保护企业的发生意外情况，即常见期权、特殊管理股、资金池等，有的拥有一票否决权。

附录2　研究所用的调查问卷

亲爱的科技型企业团队：

　　您好！我们是东北财经大学研究"科技型企业成长"的课题组。为了充分了解科技型企业创业发展的现状，通过股东股权比例与股东经营中行为找出实现企业快速发展的关键问题，为企业制定相关管理制度提供依据，特设计了这份问卷表。此问卷不会涉及贵公司的商业机密，不记名。请您据实回答，感谢您的支持与合作！

　　第一部分：背景资料

　　根据您的实际情况，请在相应的"□"内打"√"。

1. 贵公司名称（请填全名）：	×××企业（公司）
2. 教育程度：	□高中　□大学专科　□大学本科　□硕士　□博士
3. 公司生存的年份（您在本公司的工作年限）	□1 年以内　□1～3 年　□3～5 年　□5～10 年 □10 年以上
4. 贵公司规模	□10 人以内　□11～20 人　□21～50 人　□51～100 人 □100 人以上

　　第二部分：五级制调查题项

　　根据您在工作中的亲身感受对下列项目进行填写，请在相应的位置上打"√"。

题项 1	非常不同意	不大同意	一般	比较同意	完全同意
1. 科技方股东由于技术优势持有股份超过 90%，通过召集股东会议、提议召开临时股东会、特定条件下召集和注册临时股东会决定股东会的各项决议（包括利润分配或亏损弥补方案、修改公司章程），拥有绝对的表决权、人事权，保障技术不断创新、激励投资方股东					

题项1	非常 不同意	不大 同意	一般	比较 同意	完全 同意
2. 科技方股东由于技术优势持有股份超过67%但不超过90%，通过召集股东会议、提议召开临时股东会、特定条件下召集和注册临时股东会决定股东会的各项决议（包括利润分配或亏损弥补方案、修改公司章程），拥有绝对的表决权、人事权，保障技术不断创新、激励投资方股东					
3. 科技方股东由于技术优势持有股份超过50%但不超过67%，通过召集股东会议、提议召开临时股东会、特定条件下召集和注册临时股东会决定股东会的各项决议（包括利润分配或亏损弥补方案、修改公司章程），拥有绝对的表决权、人事权，保障技术不断创新、激励投资方股东					
4. 投资方股东由于资金优势持有股份超过90%，通过召集股东会议、提议召开临时股东会，特定条件下召集和注册临时股东会决定股东会的各项决议（包括利润分配或亏损弥补方案、修改公司章程），拥有绝对的表决权、人事权，保障收益最大获得收益权、激励科技方股东技术不断创新					
5. 投资方股东由于资金优势持有股份超过67%但不超过90%，通过召集股东会议、提议召开临时股东会，特定条件下召集和注册临时股东会决定股东会的各项决议（包括利润分配或亏损弥补方案、修改公司章程），拥有绝对的表决权、人事权，保障收益最大获得收益权、激励科技方股东技术不断创新					
6. 投资方股东由于资金优势持有股份超过50%但不超过67%，通过召集股东会议、提议召开临时股东会，特定条件下召集和注册临时股东会决定股东会的各项决议（包括利润分配或亏损弥补方案、修改公司章程），拥有绝对的表决权、人事权，保障收益最大获得收益权、激励科技方股东技术不断创新					

题项1	非常 不同意	不大 同意	一般	比较 同意	完全 同意
7. 科技方股东（投资方股东）持有股份超过34%但不超过50%，通过召集股东会议（包括临时股东会）否决多数股东修改公司章程、增加或者减少注册资本，保障创业继续					
8. 科技方股东（投资方股东）持有股份超过10%但不超过34%，通过召集股东会议（包括临时股东会）在公司管理发生严重困难且严重影响股东利益时，向法院提起解散诉讼，保障创业继续					
9. 科技方股东（投资方股东）持有股份不超过10%，股东除了对应表决权外还拥有法律程序的诉讼权，保障创业继续					
10. 在企业特殊的时间（时机）将权利分离成控制权、收益权。科技方股东通过股东会将自身收益让渡给投资方股东，科技方与投资方实现定向合作					
11. 投资方股东为了获得更多利益，调整持股股份（股权变化），支持科技方股东技术研发，投资方与科技方实现定向合作					
12. 持续投资的技术研发，将投资方股东与科技方股东绑定在一起，共担创业失败的风险					
13. 在企业特殊的时间（时机）将权利分离成控制权、收益权。投资方股东通过股东会将自身收益让渡给科技方股东，科技方股东的价值获得认同，实现可调合作					
14. 科技方股东为了完成技术研发的成就，调整持股股份（股权变化），支持投资方股东获得更多利益，实现可调合作					
15. 技术不断创新带来企业利益增长，科技方股东与投资方股东将共赢增长的利益					

续表

题项1	非常 不同意	不大 同意	一般	比较 同意	完全 同意
16. 有效的合作方式使投资方股东的决策效率发生改变					
17. 有效的合作方式使科技方股东的决策效率发生改变					

第三部分：二级制调查题项

根据您在工作中的亲身感受对下列项目进行填写，请在方框中填上"是"或"否"。

题项2	是（1）或否（0）
18. 科技型企业的控制权（收益权）主要包括绝对控制权（收益权）、战略控制权（收益权），以股东持股情况（数量）衡量大小，投资方以投资金额契约入股、科技方以新技术契约入股	
19. 股东关注科技型企业的控制权、收益权，契约合作	
20. 技术研发阶段，科技方绝对控制权大、战略控制权大；战略收益权大、绝对收益权小，实施定向合作	
21. 技术研发阶段，投资方绝对控制权小、战略控制权小；战略收益权小、绝对收益权小，实施定向合作	
22. 保障企业创业（鼓励投资），科技方绝对控制权小（战略控制权大）、战略收益权小（绝对收益权小），实施定向合作	
23. 保障企业创业（资金进入），投资方绝对控制权大（战略控制权小）、战略收益权大（绝对收益权小），通过股权设计保障科技方战略控制权大于投资方绝对控制权，实施定向合作	
24. 产品商业模式初成，科技方绝对控制权大（战略控制权大）、绝对收益权小（战略收益权大），实施可调合作	
25. 产品商业模式初成，投资方绝对控制权小（战略控制权小）、绝对收益权小（战略收益权大），实施可调合作	
26. 为了提升市场占有率（鼓励投资），科技方绝对控制权小（战略控制权大）、绝对收益权小（战略收益权小），实施可调合作	

续表

题项 2	是（1）或否（0）
27. 为了提升市场占有率（鼓励投资），投资方绝对控制权大（战略控制权小）、绝对收益权大（战略收益权小），通过股权设计保障科技方战略控制权大于投资方绝对控制权，实施可调合作	
28. 科技型企业的快速发展，吸引更多投资方加入，合作被其他投资方认为是有效的	
29. 行业机构看好企业的前景，合作被行业认为是有效的	

注：绝对控制（收益）权主要是指股东的股权大小的情况，当股权比例 >67% 时，即为绝对控制（收益）。战略控制（收益）权是相较于绝对控制（收益）权出现的，主要是指从科技型企业战略管理的角度股东可以通过小比例股权控制保护企业的意外情况发生，即常见期权、特殊管理股、资金池等，有的拥有一票否决权。

参考文献

［1］车文博，廖凤林．戈尔德斯坦的机体论心理学评析［J］．自然辩证法研究，2001，17（1）：17－20．

［2］陈春花，陈鸿志．德鲁克管理经典著作的价值贡献［J］．管理学报，2013，10（12）：1860－1867．

［3］程镝，刘韬．德鲁克社会管理思想及其对当代中国的启示［J］．行政论坛，2014，21（2）：4．

［4］董姝妍，邱国栋．企业持续创新发展研究从熊彼特到德鲁克的转变［J］．商业经济研究，2017（8）：3．

［5］费小冬．扎根理论研究方法论：要素，研究程序和评判标准［J］．公共行政评论，2008（3）：22．

［6］冯宝军，解明明，孙秀峰．家族企业非控股股东性质与股权制衡有效性——基于家族控制权视角的分析［J］．大连理工大学学报（社会科学版），2017，38（3）：10．

［7］冯根福．双重委托代理理论：上市公司治理的另一种分析框架——兼论进一步完善中国上市公司治理的新思路［J］．经济研究，2004（12）：10．

［8］奉小斌．集群新创企业平行搜索对产品创新绩效的影响：管理者解释与竞争强度的联合调节效应［J］．研究与发展管理，2016，

28（4）：11.

[9] 奉小斌. 集群新创企业平行搜索对产品创新绩效的影响：管理者联系的调节作用 [J]. 科研管理，2017，38（10）：9.

[10] 奉小斌. 质量改进团队跨界行为及其作用机制研究 [D]. 杭州：浙江大学，2012.

[11] [美] 戈布尔. 吕明，译. 第三思潮：马斯洛心理学 [M]. 上海：译文出版社，1987.

[12] 高闯，张清. 创业企业家和创业投资者的控制权争夺 [J]. 经济与管理研究，2017，38（6）：8.

[13] 高仁强. 创业板上市公司股权激励模式变更原因及效果研究 [D]. 成都：西南财经大学，2019.

[14] 高原.《周易》管理学综述 [J]. 周易研究，2008（4）：9.

[15] 葛荣晋，邱忠来. 从人的角度探析价值观管理 [J]. 东岳论丛，2013，34（2）：17－21.

[16] 龚秋会. 创新型企业技术入股比例形成的合理性研究 [D]. 武汉：华中科技大学，2019.

[17] 龚胜生，张涛，丁明磊，等. 长江中游城市群合作机制研究 [J]. 中国软科学，2014（1）：96－104.

[18] 关鑫，高闯. 公司治理演进轨迹与问题把脉：基于"两权分离"与"两权偏离"[J]. 改革，2014（12）：107－117.

[19] 关鑫，齐晓飞. 上市公司股东间合作机制构建研究 [J]. 中国工业经济，2015（2）：115－127.

[20] 郭海，韩佳平. 数字化情境下开放式创新对新创企业成长的影响：商业模式创新的中介作用 [J]. 管理评论，2019，31（6）：186－198.

191

［21］郭岭．现代产业组织模式研究［D］．武汉：武汉理工大学，2004.

［22］郭鹰．小股东权益保护研究［D］．杭州：浙江大学，2003.

［23］韩雪飞．基于多 Agent 系统的科技企业孵化战略联盟主体间合作机制研究［D］．天津：天津大学，2016.

［24］贺静静，张栓兴，邓杨娟．基于管理层特征下的股权结构与研发投入调节效应研究［J］．科技管理研究，2017，37（8）：126－136.

［25］洪正，袁齐．非国有股东治理与国企分红——兼论混合所有制改革［J］．商业研究，2019（1）：39－48.

［26］胡奕明，李昀．"三类股东"持股与公司并购的实证研究［J］．上海金融，2020（3）：26－35.

［27］胡源．产业集群中大小企业协同创新的合作博弈分析［J］．科技进步与对策，2012，29（22）：108－112.

［28］黄方亮，冯栋，王倩，等．股权结构与公司绩效——基于 A与 H 股市场投资者保护环境的比较研究［J］．投资研究，2018，37（7）：131－157.

［29］黄婷婷，鲁虹．基于多 Agent 模型的产学研合作机制研究［J］．中国软科学，2009（S2）：237－242.

［30］黄晓波，邓俊秀，胡施羽．股权结构、不确定性与现金持有异象——经验证据及其解读［J］．南京审计大学学报，2017，14（1）：45－56.

［31］霍晓萍．创新投入与企业成长：抑制还是促进？［J］．社会科学家，2019（2）：38－45.

［32］家骥．技术创新：中国企业发展之路［M］．北京：企业管理出版社，1990.

［33］坚瑞，戴春晓．股权结构特征对社会责任信息披露质量的

影响研究——基于我国家族上市公司的数据分析 [J]. 科学决策，2019（4）：41－57.

[34] 骞磊，焦高乐. 我国商业银行股权结构对经营绩效的影响 [J]. 华东经济管理，2017，31（7）：104－110.

[35] 江剑，官建成. 我国高校上市公司与大学"产学"合作关系的实证分析 [J]. 科学学研究，2010，28（3）：381－387.

[36] 江炼，孙延明. IT 治理对 IT 资源和能力的影响研究——企业架构成熟度的调节效应检验 [J]. 科学学与科学技术管理，2013，34（12）：115－124.

[37] 姜宁，李志武. 合作性博弈视角的股权结构设计的决策影响力分析——夏普里—舒比克权力指数与股权结构设计 [J]. 东南大学学报（哲学社会科学版），2006（4）：69－75，127.

[38] 角雪岭. 基于配置视角的公司控制权内涵研究 [J]. 商业时代，2006（16）：49－51.

[39] 金桂荣，赵辰. 以价值为导向的科技型企业资本结构优化研究 [J]. 中国科技论坛，2016（8）：77－83.

[40] 景奎，王磊，徐凤敏. 产融结合，股权结构与公司投资效率 [J]. 经济管理，2019，41（11）：19.

[41] 李秉祥，高小莉，张涛. 家族企业超额控制权与盈余管理研究——基于 CEO 持股的调节作用 [J]. 财会通讯，2018（36）：3－8，40，129.

[42] 李常青，幸伟，李茂良. 控股股东股权质押与现金持有水平："掏空"还是"规避控制权转移风险" [J]. 财贸经济，2018，39（4）：82－98.

[43] 李凤，董艳. 大股东私有收益对海外上市决策的影响——基于内地赴港上市企业的实证研究 [J]. 经济学（季刊），2017，16

（1）：415 – 440.

[44] 李昊洋，程小可，姚立杰．机构投资者调研抑制了公司避税行为吗？——基于信息披露水平中介效应的分析［J］．会计研究，2018（9）：56 – 63.

[45] 李林，肖玉超，王永宁．基于产业集群的产学研战略联盟合作机制构建研究［J］．重庆大学学报（社会科学版），2010，16（2）：11 – 15.

[46] 李密．基于模块化的中国工业机器人企业间合作机制研究［D］．上海：上海社会科学院，2018.

[47] 李群，刘俊峰．中国城市商业银行股权结构与经营绩效的相关性研究［J］．广西大学学报（哲学社会科学版），2018，40（3）：58 – 62，68.

[48] 李善民，王彩萍，朱滔，等．现代企业引进职业经理人的损失分析：代理成本的观点［J］．管理工程学报，2005（2）：40 – 45.

[49] 李士梅，李强．股权结构、产权性质与装备制造企业发展——基于中国 A 股装备制造业上市公司数据［J］．内蒙古社会科学（汉文版），2019，40（2）：108 – 115.

[50] 李文洲，冉茂盛，黄俊．大股东掏空视角下的薪酬激励与盈余管理［J］．管理科学，2014，27（6）：27 – 39.

[51] 李武．创业型企业与风险投资合作机制的博弈分析［J］．科技进步与对策，2012，29（7）：98 – 101.

[52] 李小荣，张瑞君．股权激励影响风险承担：代理成本还是风险规避？［J］．会计研究，2014（1）：57 – 63，95.

[53] 李晓琳．科技型上市公司治理结构对技术创新影响的实证研究［J］．东南大学学报（哲学社会科学版），2012，14（S3）：36 – 38.

[54] 李艳妮．创始 CEO 持股对新创企业绩效是促进还是抑

制？——基于先前经验的调节效应分析 [J]. 现代财经（天津财经大学学报），2019, 39 (11)：100 – 113.

[55] 李洋, 王辉. 利益相关者理论的动态发展与启示 [J]. 现代财经（天津财经学院学报），2004 (7)：32 – 35.

[56] 李姚矿, 熊兴华, 夏琼, 张行宇. 风险投资中企业价值评估的模糊期权定价模型 [J]. 合肥工业大学学报（自然科学版），2008 (9)：1494 – 1496, 1531.

[57] 李远勤, 郭岚, 张祥建. 上市公司投资行为的结构与分布特征——基于大股东控制和成长能力的分析 [J]. 管理评论, 2009, 21 (6)：38 – 49.

[58] 林娜. 上市公司控股股东公开市场增持公告的市场反应和影响因素分析 [D]. 复旦：复旦大学, 2011.

[59] 林全福. 创始人持股、创新与公司价值 [D]. 南昌：江西财经大学, 2019.

[60] 林志扬. 企业组织变革 [D]. 厦门：厦门大学, 2002.

[61] 刘诚达. 混合所有制企业大股东构成与企业绩效——基于企业规模门槛效应的实证检验 [J]. 现代财经（天津财经大学学报），2019, 39 (6)：15 – 26.

[62] 刘丹, 张兵. 股权结构与农村商业银行二元绩效研究 [J]. 农业经济问题, 2018 (2)：60 – 70.

[63] 刘怀珍, 欧阳令南. 智力资本与货币资本博弈分析——以风险企业为例 [J]. 管理工程学报, 2004 (2)：99 – 102

[64] 刘静, 张海凡. 万科与宝能系控制权之争的反思 [J]. 税务与经济, 2017 (3)：47 – 51.

[65] 刘祺阳. 内部控制对股权结构与公司绩效的中介作用机制研究 [J]. 统计与决策, 2018, 34 (2)：176 – 181.

［66］刘清华．科技型企业人力资源管理外包风险管理研究［D］．合肥：合肥工业大学，2011．

［67］刘荣娟，赵道致．低碳供应链风险源的识别与控制策略［J］．武汉理工大学学报（信息与管理工程版），2014，36（4）：513－516．

［68］刘姗．德鲁克管理学中的自由思想初探［D］．南宁：广西大学，2016．

［69］刘晓．基于自我实现理论的高职教师专业发展路径研究［D］．南昌：东华理工大学，2014．

［70］刘有贵，蒋年云．委托代理理论述评［J］．学术界，2006（1）：69－78．

［71］刘志远，王存峰，彭涛，郭瑾．政策不确定性与企业风险承担：机遇预期效应还是损失规避效应［J］．南开管理评论，2017，20（6）：15－27．

［72］龙晓琼，王合义，王明．管理人性观向文化观的转变——对XY理论、超Y理论与Z理论的比较分析［J］．东华理工大学学报（社会科学版），2012，31（4）：321－324．

［73］鲁力．论德鲁克有效性管理思想［J］．现代管理科学，2015（4）：109－111．

［74］罗仕国．德鲁克关于知识劳动者的个人管理思想述评［J］．科技管理研究，2013，33（3）：141－144．

［75］吕力．周易哲学视角下组织过程的不确定性、情境决定论与变通［J］．管理学报，2014，11（12）：1755－1761．

［76］麻尧宾．《周易》与企业权变管理［J］．现代管理科学，2004（1）：31－32．

［77］马莉莉．金砖国家合作机制发展基础与选择［J］．国际问题研究，2012（6）：50－61．

［78］马欣川．戈尔德斯坦的机体动力思想初探［J］．东北师大学报，2002（1）：109－115.

［79］马嫣然，蔡建峰，王淼．风险投资背景、持股比例对初创企业技术创新产出的影响——研发投入的中介效应［J］．科技进步与对策，2018，35（15）：1－8.

［80］毛颖，孙蓉，甄浩．保险公司股权结构对风险承担行为的影响研究［J］．保险研究，2019（7）：14－28.

［81］米黎钟，陈晴．CEO持股比例和创始地位对企业创业导向的影响——基于中小板上市企业董事会独立性的调节作用［J］．财经问题研究，2020（7）：78－85.

［82］穆洪竹．《周易》管理哲学研究［D］．济南：山东大学，2017.

［83］欧理平，赵瑜．员工持股计划能促进企业创新吗［J］．会计之友，2020（9）：59－65.

［84］潘孝珍．税收优惠的科技创新激励效应存在门槛吗？——基于股权结构视角的实证分析［J］．科研管理，2019，40（10）：48－57.

［85］钱红光，刘岩．混合所有制、股权结构对公司绩效的影响［J］．统计与决策，2019，35（23）：185－188.

［86］秦德智，邵慧敏，苏琳淳．技术创新对股权结构与企业绩效的中介效应——来自创业板上市制造企业的实证［J］．科技进步与对策，2019，36（16）：77－83.

［87］秦兴俊，王柏杰．股权结构、公司治理与企业技术创新能力［J］．财经问题研究，2018（7）：86－93.

［88］邱国栋，韩文海．基于隔离机制的竞合效益——以Nike等3组企业为样本的跨案例研究［J］．中国工业经济，2012（4）：13.

［89］邱国栋，黄睿．分时权变：蕴藏在管理实践中的组织治理

与创新机制 [J]. 财经问题研究, 2015 (7): 10.

[90] 邱国栋, 黄睿. 智慧市场、分时权变与合伙机制创新 [J]. 改革, 2018 (7): 96 – 107

[91] 邱国栋, 王涛. 重新审视德鲁克的目标管理——一个后现代视角 [J]. 学术月刊, 2013, 45 (10): 20 – 28.

[92] 邱国栋. 风险投资与风险企业的有效机制 [J]. 改革, 2003 (3): 90 – 94.

[93] 邱少春, 朱巧玲. 造纸产业人力资本与企业经营绩效的协整分析——基于上市公司的实证研究 [J]. 中国造纸, 2018, 37 (5): 66 – 71.

[94] 瞿孙平, 石宏伟, 俞林. 创新视角下知识搜索的研究回顾与展望 [J]. 情报杂志, 2018, 37 (8): 195 – 201.

[95] 曲烁羽. 机构投资者持股、企业风险承担与企业价值 [D]. 厦门: 厦门大学, 2019.

[96] 权小锋, 吴世农, 文芳. 管理层权力、私有收益与薪酬操纵 [J]. 经济研究, 2010, 45 (11): 73 – 87.

[97] 申通远, 朱玉杰. 创新合作社会网络中企业中心性特征的影响因素 [J]. 技术经济, 2018, 37 (11): 19 – 29, 77.

[98] 沈正宁, 林嵩. 基于权变理论的组织结构设计研究 [J]. 生产力研究, 2008 (14): 15 – 16.

[99] 石晓军, 王骜然. 独特公司治理机制对企业创新的影响——来自互联网公司双层股权制的全球证据 [J]. 经济研究, 2017, 52 (1): 149 – 164.

[100] 舒谦, 陈治亚. 股权结构对研发投入与经营绩效关系的调节效应分析 [J]. 统计与决策, 2018, 34 (4): 182 – 184.

[101] 宋迪, 杨超. 控股股东股权质押、分析师关注与股利政策

［J］．北京工商大学学报（社会科学版），2018，33（6）：102 – 112．

［102］苏坤．管理层股权激励、风险承担与资本配置效率［J］．管理科学，2015，28（3）：14 – 25．

［103］粟进，宋正刚．科技型企业技术创新的关键驱动因素研究——基于京津4家企业的一项探索性分析［J］．科学学与科学技术管理，2014，35（5）：156 – 163．

［104］孙丽华．科技型企业家能力及其对企业成长的影响研究［D］．济南：山东大学，2017．

［105］孙鑫．大股东增持行为对我国股票价格短期影响的实证研究［D］．大连：东北财经大学，2011．

［106］孙迎春．国外政府跨部门合作机制的探索与研究［J］．中国行政管理，2010（7）：102 – 105．

［107］谭学婧，王文倩．企业理论：从两分法到三分法［J］．特区经济，2004（12）：125 – 126．

［108］唐鹏程，朱方明．企业本质：协作生产性与契约交易性的合作机制［J］．求索，2010（11）：18 – 20．

［109］涂辉文．基于变革动力特征的组织学习与心理授权关系研究［D］．杭州：浙江大学，2010．

［110］王春艳，林润辉，袁庆宏，李娅，李飞．企业控制权的获取和维持——基于创始人视角的多案例研究［J］．中国工业经济，2016（7）：144 – 160．

［111］王海花，谢富纪．企业外部知识网络能力的影响因素——基于扎根方法的探索性研究［J］．系统管理学报，2015，24（1）：130 – 137，152．

［112］王洪生，张玉明．科技型企业云融资模式研究——基于云创新视角［J］．科技管理研究，2014，34（13）：76 – 81．

[113] 王靖懿, 夏常源, 傅代国. 放松卖空管制、控股股东股权质押与审计费用 [J]. 审计研究, 2019 (3): 84 - 92.

[114] 王雷, 党兴华, 王修来. 基于不完全契约的风险企业控制权配置影响因素研究 [J]. 科研管理, 2010, 31 (4): 59 - 66, 90.

[115] 王鲁平, 白银转, 王茵田. 股权激励对投资效率的影响——基于上市家族企业的经验分析 [J]. 系统工程, 2018, 36 (8): 37 - 50.

[116] 王声凑, 曾勇. 风险企业中的控制权与可转换证券研究 [J]. 系统工程学报, 2010, 25 (2): 8.

[117] 王晓亮, 李鹏媛, 王青松. 定向增发、股权结构与企业风险承担研究 [J]. 云南财经大学学报, 2018, 34 (11): 59 - 69.

[118] 王晓文, 张玉利, 杨俊. 基于能力视角的创业者人力资本与新创企业绩效作用机制研究 [J]. 管理评论, 2012, 24 (4): 76 - 84, 93.

[119] 王欣, 韩宝山. 混合所有制企业股权结构治理效应分析 [J]. 经济体制改革, 2018 (6): 125 - 131.

[120] 王彦威, 郭贵川. 《周易》"时、位、中"的权变管理思想 [J]. 中共乐山市委党校学报, 2011, 13 (6): 26, 31.

[121] 王烨, 叶玲, 盛明泉. 管理层权力、机会主义动机与股权激励计划设计 [J]. 会计研究, 2012 (10): 35 - 41, 95

[122] 王益民, 方宏. 中国企业国际化过程的"加速"和"跳跃": 过度自信视角 [J]. 管理科学, 2018, 31 (2): 83 - 95.

[123] 王悦亨, 李纪珍, 陈思澍. 科技型企业的定义与生命周期初探 [J]. 创新与创业管理, 2014 (1): 108 - 127

[124] 王悦亨. 科技型企业股东人力资本、股权结构与企业绩效研究 [D]. 北京: 清华大学, 2017.

［125］王重鸣．心理学研究方法［M］．北京：人民教育出版社，2000．

［126］吴成颂，郭开春，邵许生．利率市场化、外部环境与银行信贷配置和风险——基于 40 家城市商业银行的实证检验与分析［J］．当代经济管理，2017，39（8）：76－84．

［127］吴闻潭，曹宝明．股权结构、多元化经营与公司绩效——基于中国粮油加工业上市公司的实证研究［J］．现代经济探讨，2018（7）：99－109．

［128］吴易风．产权理论：马克思和科斯的比较［J］．中国社会科学，2007（2）：4－18，204．

［129］惠恩才．我国风险投资发展障碍与对策研究［D］．大连：东北财经大学，2005．

［130］向仙虹，孙慧．基于不同实际控制人类型下家族企业股权结构对企业价值的影响［J］．企业经济，2017，36（4）：85－90．

［131］肖时钧．先秦儒家经权思想及其企业管理应用研究［D］．武汉：武汉大学，2013．

［132］肖时钧．儒家管理思想与现代企业管理之关系研究［J］．人文论丛，2013（1）：637－646．

［133］肖永英，谢欣．图书馆、档案馆、博物馆合作机制研究进展［J］．图书馆杂志，2015，34（1）：29－35，48．

［134］谢珺，刘敏．CEO 职业生涯关注与财务报告质量——来自中国上市公司的经验证据［J］．武汉大学学报（哲学社会科学版），2017，70（4）：103－117．

［135］解学梅，孙科杰．产业技术创新战略联盟长效合作机制：基于 144 家联盟的实证研究［J］．系统管理学报，2018，27（3）：401－413．

［136］徐刚，花冰倩．创新型企业和风险投资机构合作创新的演化博弈分析［J］．企业经济，2016（10）：62－70．

［137］徐光伟，殷浩洲，刘星．混合所有制改革中股权结构多元化对企业投资结构的影响研究［J］．经济体制改革，2019（4）：93－100．

［138］徐建平．组织惯例的演化机制与效能研究［D］．杭州：浙江大学，2009．

［139］徐琳，林志军，刘衍．机构投资者持股、异质性与互联网公司的企业绩效——基于与制造业的比较研究［J］．财会通讯，2019（6）：3－6，18．

［140］徐向艺，张虹霓，房林林，张磊．股权结构对资本结构动态调整的影响研究——以我国A股电力行业上市公司为例［J］．山东大学学报（哲学社会科学版），2018（1）：120－129．

［141］徐颖．西方经济学的产权理论［J］．中国特色社会主义研究，2004（4）：40－44．

［142］徐志武．我国出版上市公司股权结构与社会责任绩效关系研究［J］．中国出版，2019（18）：42－45．

［143］闫平，张佳乐．股权结构、研发投入与经营绩效的中介效应研究——以信息技术行业上市公司数据为例［J］．管理现代化，2019，39（5）：62－66．

［144］严集．控制权与现金流权分离对盈余稳健性的影响研究［D］．长沙：湖南大学，2013．

［145］杨承训．发挥科技创新在全面创新中的引领作用［J］．企业党建，2016（5）：19－20．

［146］杨春白雪，曹兴，高远．新兴技术合作创新网络演化及特征分析［J］．科研管理，2020，41（7）：20－32

［147］杨国荣．从"志于道"到"壹于道"——略议孔子与荀子

关于道的论说 [J]. 杭州师范大学学报（社会科学版），2013，35
(1): 1 – 4.

[148] 杨柳青，梁巧转，康华. 国家创新体系、股权结构与我国
上市公司研发投入 [J]. 企业经济，2018，37 (7): 44 – 50.

[149] 杨瑞龙，周业安. 论利益相关者合作逻辑下的企业共同治
理机制 [J]. 中国工业经济，1998 (1): 3 – 5.

[150] 杨瑞龙. 对合作经济的有益探索——评《合作经济思想史
论》[J]. 当代经济研究，2000 (7): 69 – 70.

[151] 杨韶刚，孔祥勇. 戈尔德斯坦的机体论心理学 [J]. 吉林
大学社会科学学报，1993 (5): 71 – 76.

[152] 杨绍刚. 人性的彰显——人本主义心理学 [M]. 济南：山
东教育出版社，2009.

[153] 杨妍，孙涛. 跨区域环境治理与地方政府合作机制研究
[J]. 中国行政管理，2009 (1): 66 – 69.

[154] 杨勇，达庆利，周勤. 公司治理对企业技术创新投资影响
的实证研究 [J]. 科学学与科学技术管理，2007 (11): 61 – 65.

[155] 叶陈刚，刘桂春，洪峰. 股权激励如何驱动企业研发支
出？——基于股权激励异质性的视角 [J]. 审计与经济研究，2015，
30 (3): 12 – 20.

[156] 殷蒙蒙. 沙因组织文化理论研究 [D]. 南宁：广西大
学，2019.

[157] 于军. 中国—中东欧国家合作机制现状与完善路径 [J].
国际问题研究，2015 (2): 112 – 126.

[158] 余谦，吴旭，刘雅琴. 生命周期视角下科技型企业的研发
投入、合作与创新产出 [J]. 软科学，2018，32 (6): 83 – 86.

[159] 袁奋强，季婷，李惠蓉，等. 股权结构、信息透明度与公

司绩效——基于深市 A 股上市公司的实证分析 [J]. 经济与管理评论, 2017, 33 (4): 64 - 77.

[160] 袁泽沛, 王琼. 技术创新与创新风险的研究综述 [J]. 经济学动态, 2002 (3): 79 - 82.

[161] 原理. 沙因的人性论以及组织文化理论 [N]. 学习时报, 2012 - 11 - 05 (006).

[162] 曾靖珂, 李垣. 基于战略联盟的开放式创新的研究综述 [J]. 科技管理研究, 2018, 38 (4): 1 - 6.

[163] 曾义, 杨兴全. 内部治理机制、两权分离与公司现金持有的战略效应 [J]. 财贸研究, 2014, 25 (1): 143 - 148.

[164] 詹坤, 邵云飞, 唐小我. 联盟组合的网络结构对企业创新能力影响的研究 [J]. 研究与发展管理, 2018, 30 (6): 47 - 58.

[165] 张保仓. 虚拟组织网络规模、网络结构对合作创新绩效的作用机制——知识资源获取的中介效应 [J]. 科技进步与对策, 2020, 37 (5): 27 - 36.

[166] 张诚, 王欢明, 柯昌华. 科技型企业金融资源的配对优化研究——基于企业生命周期理论视角 [J]. 技术经济与管理研究, 2015 (6): 34 - 38.

[167] 张红玲, 耿庆峰. 管理层持股、财务弹性与公司风险承担 [J]. 财会月刊, 2018 (2): 85 - 93.

[168] 张佳睿. 美国风险投资与技术进步、新兴产业发展的关系研究 [D]. 长春: 吉林大学, 2014.

[169] 张俊丽, 张红, 张春晖. 我国旅游上市公司股权结构对成长性的影响——以股东亲密度为调节变量 [J]. 旅游学刊, 2018, 33 (10): 15 - 30.

[170] 张萌萌. 高技术企业公司创业、企业集聚行为与绩效关系

研究 [D]. 长春：吉林大学，2016.

[171] 张瑞林，李林，王琼. 麦格雷戈 X – Y 理论及其应用 [J]. 中国工业评论，2015 (7)：92 – 97.

[172] 张栓兴，方小军，李京. 创业板上市公司研发投入对成长性的影响研究——基于股权结构的调节作用 [J]. 科技管理研究，2017，37 (8)：143 – 149.

[173] 张帏，叶雨明. 高科技创业团队的合作驱动因素研究 [J]. 技术经济，2012，31 (7)：59 – 65.

[174] 张妍妍，李越秋. 股权结构、多元化经营与经营绩效实证研究——以我国农业上市公司为例 [J]. 农村经济，2018 (2)：72 – 77.

[175] 张玉娟，汤湘希. 股权结构、高管激励与企业创新——基于不同产权性质 A 股上市公司的数据 [J]. 山西财经大学学报，2018，40 (9)：76 – 93.

[176] 张长立. 西方管理组织理论创新研究 [D]. 苏州：苏州大学，2003.

[177] 赵国宇. 控制权获取、CEO 变更与合谋掏空——基于上市公司并购事件的研究 [J]. 证券市场导报，2017 (6)：30 – 35，48.

[178] 钟静. 基于企业视角的产学研合作动机对合作绩效的影响——合作机制的中介作用 [D]. 南京：南京工业大学，2015.

[179] 朱德米. 构建流域水污染防治的跨部门合作机制——以太湖流域为例 [J]. 中国行政管理，2009 (4)：86 – 91.

[180] 朱翰墨，杨忠. 德鲁克的创新思想及其包容性 [J]. 理论学刊，2018 (5)：72 – 77.

[181] 朱路甲，刘迪，王宝军. 新时期产学研用合作机制创新中存在的问题及相关对策 [J]. 河北大学学报（哲学社会科学版），2011，36 (1)：5.

［182］朱巧玲，龙靓. A 股上市公司实际控制人的演变——基于 2010 年和 2016 年数据对比分析［J］. 中南财经政法大学学报，2018（1）：134-145.

［183］朱巧玲，邱少春. 社会主义市场经济体制下劳动者享有企业产权的政治经济学分析［J］. 广西社会科学，2018（10）：84-88.

［184］庄雷，赵成国，张驰. 工业 4.0 驱动：基于制造企业智能化的股权结构实证研究［J］. 贵州财经大学学报，2017（5）：90-99.

［185］AHUJA G. Collaboration Networks，Structural Holes，and Innovation：A Longitudinal Study［J］. Administrative Science Quarterly，2000，45（3）：425-455.

［186］ANDRES C，BETZER A，DOUMET M，et al. Open Market Share Repurchases in Germany：A Conditional Event Study Approach［J］. Abacus，2018，54（4）：417-444.

［187］ARNOLD V，BENFORD T S，HAMPTON C，et al. Enterprise Risk Management as a Strategic Governance Mechanism in B2B-enabled Transnational Supply Chains［J］. Journal of Information Systems，2012，26（1）：51-76.

［188］BARNEY J B，ARIKAN A M. The Resource-based View：Origins and Implications［J］. The Blackwell Handbook of Strategic Management，2005.

［189］BEBCHUK L A，FRIED J M，WALKER D I. Managerial Power and Rent Extraction in the Design of Executive Compensation［N］. NBER Working Papers，2002，62（7）.

［190］BEBCHUK L A，FRIED J M. Executive Compensation as an Agency Problem［J］. Cepr Discussion Papers，2003，17（3）：71-92.

［191］BETTIGNIES J. Financing the Entrepreneurial Venture［J］.

Management Science, 2008, 54（1）: 151-166.

［192］BLACK F, SCHOLES M. The Pricing of Options and Corporate Liabilities［J］. Journal of Political Economy, 1973, 81（3）: 637-654.

［193］BREUGST N, PATZELT H, RATHGEBER P. How Should We Divide the Pie? Equity Distribution and Its Impact on Entrepreneurial Teams［J］. Journal of Business Venturing, 2015, 30（1）: 66-94.

［194］BURT R S. Structural Holes and Good Ideas［J］. American Journal of Sociology, 2004, 110（2）: 349-399.

［195］CAINELLI G, EVANGELISTA R, SAVONA M. The Impact of Innovation on Economic Performance in Services［J］. The Service Industries Journal, 2004, 24（1）: 116-130.

［196］CARSTEN, BIENZ, WALZ U. Evolution of Decision and Control Rights in Venture Capital Contracts: An Empirical Analysis［J］. SSRN Electronic Journal, 2007, 3（2）: 145-168.

［197］COASE R H. The Nature of the Firm［J］. Economica, 2007, 4（16）: 386-405.

［198］COLOMBO M G, GRILLI L. Founders' Human Capital and the Growth of New Technology-based Firms: A Competence-based View［J］. Research Policy, 2005, 34（6）: 795-816.

［199］CORBIN J M, STRAUSS A. Grounded Theory Research: Procedures, Canons, and Evaluative Criteria［J］. Qualitative Sociology, 1990, 13（1）: 3-21.

［200］COWLING K, SUGDEN R. The Essence of the Modern Corporation: Markets, Strategic Decision-Making and the Theory of the Firm［J］. Manchester School, 2010, 66（1）: 59-86.

［201］DAHLANDER L, O'MAHONY S, GANN D M. One foot in,

One Foot Out: How Does Individuals' External Search Breadth affect Innovation Outcomes? [J]. Strategic Management Journal, 2016, 37 (2): 280 – 302.

[202] DOLVIN S D, PYLES M K. Venture Capital: An International Journal of Entrepreneurial Finance Venture Capitalist Quality and IPO Certification Venture Capitalist Quality and IPO Certification [J]. Venture Capital, 2006, 8 (4): 353 – 371.

[203] DEMSETZ H. Towards a Theory of Property Rights [J]. American Economic Review, 1967, 57 (2): 61 – 70.

[204] DRUCKER P F. Innovation and Entrepreneurship: Practice and Principles [J]. Social Science Electronic Publishing, 1985, 4 (1): 85 – 86.

[205] DYCK A, ZINGALES L. Control Premiums and the Effectiveness of Corporate Governance Systems [J] Journal of Applied Corporate Finance, 2004, 16 (2 – 3): 51 – 72.

[206] EISENHARDT K M. Building Theories from Case Study Research [J]. Academy of Management Review, 1989, 14 (4): 532 – 550.

[207] FAMA E F, JENSEN M C. Separation of Ownership and Control [J]. Socialence Electronic Publishing, 1983, 26: 301 – 326.

[208] FLUCK Z. Optimal Financial Contracting: Control Rights, Incentives, and Entrepreneurship [J]. Strategic Change, 2010, 19: 77 – 90.

[209] GEBHARDT G, SCHMIDT K M. Conditional Allocation of Control Rights in Venture Capital Finance [J]. Discussion Papers in Economics, 2006, 3: 30 – 43.

[210] GILBERT A. CHURCHILL, JR. A Paradigm for Developing Better Measures of Marketing Constructs [J]. Journal of Marketing Research, 1979, 16 (1): 64 – 73.

［211］GLASER B, STRAUSS A L. The Discovery of Grounded Theory: Strategy for Qualitative Research ［J］. Nursing Research, 1968, 17 (4): 377 – 380.

［212］GRULLON G, MICHAELY R. The Information Content of Share Repurchase Programs ［J］. Journal of Finance, 2004, 59 (2): 651 – 680.

［213］HART S L. A Natural-resource-based View of the Firm ［J］. Academy of Management Review, 1995, 20 (4): 986 – 1014.

［214］HELLMANN T F, WASSERMAN N. The First Deal: The Division of Founder Equity in New Ventures ［N］. Nber Working Papers, 2011, 63 (8).

［215］HELLMANN T, THIELE V. Contracting among Founders ［J］. The Journal of Law, Economics, and Organization, 2015, 31 (3): 629 – 661.

［216］HELLMANN T, WASSERMAN N. The First Deal: The Division of Founder Equity in New Ventures ［J］. Management Science, 2017, 63 (8): 2647 – 2666.

［217］HEMMER T, MATSUNAGA S, SHEVLIN T. The Influence of Risk Diversification on the Early Exercise of Employee Stock Options by Executive Officers ［J］. Journal of Accounting & Economics, 1996, 21 (1): 45 – 68.

［218］HOSKISSON R E, HITT M A, HILL C. Managerial Incentives and Investment in R&D in Large Multiproduct Firms ［J］. Organization Science, 1993, 4 (2): 325 – 341.

［219］HUYGHEBAERT N, WANG L. Value Creation and Value Distribution in Chinese Listed Firms: The Role of Ownership Structure, Board

Characteristics, and Control [J]. European Journal of Finance, 2019, 25 (4 –6): 465 –488.

[220] HIRSHLEIFER D, LOW A, TEOH S H. Are Overconfident CEOs Better Innovators? [J]. The Journal of Finance, 2012, 67 (4): 1457 –1498.

[221] JIANG C, FU Q. A Win-Win Outcome between Corporate Environmental Performance and Corporate Value: From the Perspective of Stakeholders [J]. Sustainability, 2019, 11 (3): 53 –65.

[222] JOHN K, LITOV L, YEUNG B. Corporate Governance and Risk-Taking [J]. Journal of Finance, 2008, 63 (4): 1679 –1728.

[223] KAPLAN S N, STRÖMBERG P. Financial Contracting Theory Meets the Real World: An Empirical Analysis of Venture Capital Contracts [J]. The Review of Economic Studies, 2003, 70 (2): 281 –315.

[224] KEMPF A, RUENZI S, THIELE T. Employment Risk, Compensation Incentives and Managerial Risk Taking: Evidence from the Mutual Fund Industry [J]. Journal of Financial Economics, 2009, 92 (4): 175 –181.

[225] LIU Q, TIAN G, WANG X. The Effect of Ownership Structure on Leverage Decision: New Evidence from Chinese Listed Firms [J]. Journal of the Asia Pacific Economy, 2011, 16 (2): 254 –276.

[226] LAMBERT R A, WEIGELT L K. The Structure of Organizational Incentives [J]. Administrative Science Quarterly, 1993, 38 (3): 438 –461.

[227] LERNER J, WULF J. Innovation and Incentives: Evidence from Corporate R&D [J]. The Review of Economics and Statistics, 2007, 89 (4): 634 –644.

[228] MCADAMS D. Performance and Turnover in a Stochastic Partnership [J]. American Economic Journal: Microeconomics, 2011, 3 (4): 107 – 142.

[229] MIGUEL A D, PINDADO J, TORRE C D L. Ownership Structure and Firm Value: New Evidence from Spain [J]. Strategic Management Journal, 2004, 25 (12): 1199 – 1207.

[230] MENTION A L. Co-operation and Co-opetition as Open Innovation Practices in the Service Sector: Which Influence on Innovation Novelty? [J]. Technovation, 2011, 31 (1): 44 – 53.

[231] NELL P C, Ambos B, Schlegelmilch B B. The MNC as an Externally Embedded Organization: An Investigation of Embeddedness Overlap in Local Subsidiary Networks [J]. Journal of World Business, 2011, 46 (4): 497 – 505.

[232] NEWBERT S L. Empirical Research on the Resource-based View of the Firm: An Assessment and Suggestions for Future Research [J]. Strategic Management Journal, 2007, 28 (2): 121 – 146.

[233] NIKGHADAM S, SADIGH B L, OZBAYOGLU A M, et al. A Survey of Partner Selection Methodologies for Virtual Enterprises and Development of a Goal Programming-based Approach [J]. The International Journal of Advanced Manufacturing Technology, 2016, 85: 1713 – 1734.

[234] NIU S H, ONG S K, NEE A. A Hybrid Particle Swarm and Ant Colony Optimizer for Multi-attribute Partnership Selection in Virtual Enterprises [M]. New York: John Wiley & Sons, Inc. , 2011.

[235] NORTH D, REVIEW A E, DUFLO E. Economic Performance Through Time [J]. The American Economic Review, 1994, 84 (3): 359 – 368.

［236］OUENNICHE J, BOUKOURAS A, RAJABI M. An Ordinal Game Theory Approach to the Analysis and Selection of Partners in Public-private Partnership Projects ［J］. Journal of Optimization Theory and Applications, 2016, 169: 314 – 343.

［237］PARRY K W. Grounded theory and social process: A New Direction for Leadership Research ［J］. The leadership quarterly, 1998, 9 (1): 85 – 105.

［238］PIERRE, LEGRAND. Selection of the Private Investor and the Risk in the Public-private Partnership Contract ［J］. American Journal of Clinical Oncology, 2014, 37 (6): 539 – 544.

［239］PRIEM R L, LYON D W, DESS G G. Inherent Limitations of Demographic Proxies in Top Management Team Heterogeneity Research ［J］. Journal of Management, 1999, 25 (6): 935 – 953.

［240］SABEGH M A J, MOTLAGH S M. The role and Relevance of IT Governance and IT Capability in Business-IT Alignment in Medium and Large Companies ［J］. Business and Management Review, 2012, 2 (6): 16 – 23.

［241］SCHWARTZ M S, HAZARI Z, SADLER P M. Divergent Views: Teacher and Professor Perceptions About Pre-College Factors That Influence College Science Success ［J］. Science Educator, 2008, 17: 18 – 35.

［242］SHENGLAN C, XIAOLING L. How Does Corporate Investment Respond to the Belt and Road initiative? Evidence from a Quasi-natural Experiment ［J］. Journal of Finance and Economics, 2018, 44 (4): 20 – 33.

［243］SIMON H A. Administrative Behavior ［M］. New York: Simon and Schuster, 2013.

［244］TASHAKKORI A, CRESWELL J W. Editorial: Exploring the

Nature of Research Questions in Mixed Methods Research [J]. Journal of Mixed Methods Research, 2007, 1 (3): 207 – 211.

[245] THOMSEN S, PEDERSEN T. Ownership Structure and Economic Performance in the Largest European Companies [J]. Strategic Management Journal, 2000, 21 (6): 689 – 705.

[246] UNGER J M, RAUCH A, Frese M, et al. Human Capital and Entrepreneurial Success: A Meta-analytical Review [J]. Journal of Business Venturing, 2011, 26 (3): 341 – 358.

[247] VAZNYTE E, ANDRIES P. Entrepreneurial Orientation and Start-ups' External Financing [J]. Journal of business venturing, 2019, 34 (3): 439 – 458.

[248] VEDEL M, ELLEGAARD C. Supply Risk Management Functions of Sourcing Intermediaries: An Investigation of the Clothing Industry [J]. Supply Chain Management: An International Journal, 2013, 18 (5): 509 – 522.

[249] WRIGHT P, FERRIS S P, SARIN A, et al. Impact of Corporate Insider, Blockholder, and Institutional Equity Ownership on Firm Risk Taking [J]. Academy of Management Journal, 1996, 39 (2): 441 – 458.

[250] YASUHIRO Y, YOSHIKOO. Patterns of Scientific Collaboration between Japan and France. Inter-sectoral Analysis Using Probabilistic Partnership Index [J]. Scientometrics, 2006, 68: 303 – 324.

[251] YERRAMILLI V. MORAL H, Hold-up, and The Optimal Allocation of Control Rights [J]. The RAND Journal of Economics, 2011, 42 (4): 705 – 728.